修 远 教 育

做个好妈妈是你一生最大的成就

安淑芳 修涛 / 著

北京理工大学出版社
BEIJING INSTITUTE OF TECHNOLOGY PRESS

图书在版编目（CIP）数据

做个好妈妈，是你一生最大的成就 / 安淑芳，修涛 著 . — 北京 : 北京理工大学出版社 , 2016.10（2017.1 重印）

ISBN 978-7-5682-3092-6

Ⅰ . ①做… Ⅱ . ①安… ②修… Ⅲ . ①家庭教育 Ⅳ . ① G78

中国版本图书馆 CIP 数据核字 (2016) 第 212786 号

出版发行 / 北京理工大学出版社有限责任公司

社　　址 / 北京市海淀区中关村南大街 5 号

印　　刷 / 100081

电　　话 /（010）68914775（总编室）

　　　　　（010）82562903（教材售后服务热线）

　　　　　（010）68948351（其他图书服务热线

网　　址 / http://www.bitpress.com.cn

电　　话 / 全国各地新华书店

印　　刷 / 北京泽宇印刷有限公司

开　　本 / 710 毫米 × 1000 毫米　1/16

印　　张 / 16

字　　数 / 200 千字

版　　次 / 2016 年 10 月第 1 版　2017 年 1 月第 3 次印刷

定　　价 / 38.00 元

责任编辑 / 秦庆瑞

文案编辑 / 秦庆瑞

责任校对 / 周瑞红

责任印制 / 马振武

序言

做个好父母，才是你一生最大的成就

"我的孩子两三岁就学会了顶嘴！"

"我的孩子不喜欢上幼儿园！"

"我的孩子才上小学，就开始产生厌学情绪，太让人着急了！"

"我感觉我们生完孩子后，我和老公的关系大不如前了！"

"因为孩子的问题，我和婆婆经常争吵！"

……

面对这么多的家庭问题，中国家长真的很难。也正是因为很难，越来越多的家长一心想要"创造"出一个他们心目中完美无缺的孩子来脱离苦海，于是不自觉中将他们的期望和焦虑转嫁给了孩子，而当孩子达不到他们的要求时，又产生了更多的焦虑和压力。由于家长们从未接受过系统的教育和训练，关于"如何做一个合格的家长"，基本上来自于自己的领悟、父辈们的言传身教和不同渠道七零八碎的信息。各种理论自有其道理，但是家长们面对各种方法，却不知如何下手；看了很多书，却更加迷茫。结果反倒越努力越混乱，越努力错误越多，苦不堪言。

在我看来，孩子的成长就好比一棵大树的生长，决定其长势的关键，是他所植根的土壤。要想解决各种问题，让孩子健康成长，就要给孩子打好根基，让他植根的土壤变得肥沃。我们的教育理论分成了几个层次，就好像大树生长的几层土壤：

第一层培土：认知你的孩子——读懂孩子是教育孩子的基础。

孩子从出生到长大成人要经历几个阶段，不同的生长阶段有着不同的发展规律，主要包括生理、心理以及大脑等几个方面的变化。这就要求家长们从孩子出生，甚至出生之前就要做好相关育儿知识的学习，这样才能有效地帮助孩子健康成长。

第二层培土：会爱才是真爱——爱是教育孩子必不可少的"养料"。

相信每个父母都是爱自己的孩子的，但用什么方式去爱，会不会爱，那就是另一回事了。用错误的方式去爱，其实是在毁孩子。因此我们讲，会爱才是真爱，而真爱是需要学习的。这一层，我们主要是通过对陪伴与共情等几个方面深入剖析来告诉家长，怎样用正确的方式去关爱孩子。

第三层培土：德行与责任的培养——让孩子未来立足于社会的根基。

一个人，无论多么有才华，但如果缺失了德行与责任，那么他只会是一个给他人和社会带来危害的人。德行重要还是能力重要？大多数父母都会回答：德行重要。然而在日常生活中，我们看过太多的有能力而缺德行的人，他们的父母从小就重视他们的技能培养，钢琴、绘画、体育……各方面都非常有才华，但是却缺少德行，比如，近年发生的李某某事件，药某某事件，皆是如此。古人讲"上善若水，厚德载物"，强调的就是德行在修身中的重要性。德行与责任的培养也是我们这套体系的核心内容。

第四层培土：先做好夫妻，再做好父母——良好的夫妻关系是孩子健康成长的根本。

良好的夫妻关系能够营造出温馨和睦的家庭氛围，孩子在这样的环境中成长，生理、心理、人格等各方面都能够健康发育，对于孩子成人成才都有积极的推动作用。试想，如果孩子成长在一个极为恶劣的家庭环境中，父母当着孩子的面吵架，甚至大打出手，这对孩子的心理和人格将会产生多么大的负面影响！

其实，学习的过程也是一个改变自身的过程。在教育孩子的过程中，父母也要不断发现并改善自身的不足，提高自身的道德修养，才能为孩子树立良好的榜样，在潜移默化中影响孩子。然而改变是艰难的，在这个过程中，一定会出现各种各样的问题，这就要求父母们一定要有坚定的信念，相信自己一定能够越来越好，并无形中把这种信念传递给孩子，带动孩子也越来越好。

综合以上这四层土壤，我们的"智慧家长"体系就是：父母学习掌握科学的育儿知识；通过陪伴与共情的方式给孩子最好的爱；把德行与责任的培养作为教育孩子的重中之重；夫妻之间互敬互爱，努力营造良好的夫妻关系及家庭氛围，帮助孩子健康成长。

本书由我和修涛老师共同完成。作为高级家庭教育指导师，我们通过一对一的方式指导过上千个家庭，对于中国的家庭教育现状非常

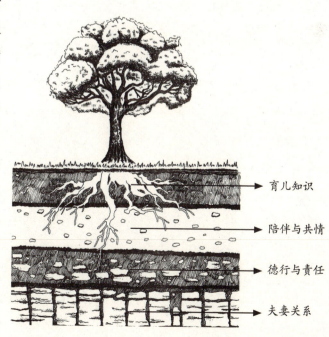

育儿知识

陪伴与共情

德行与责任

夫妻关系

了解。

　　授人以鱼不如授人以渔。我们希望通过鲜活的案例总结经验，发现规律，并形成一套完备的理论体系，再由理论指导实践，解决生活中面临的各种实际问题，这就是我们写作本书的目的。我们衷心地希望每位父母在学习完本书的内容后，能够掌握正确的家庭教育理念，并学会用正确的方式处理问题，成为"中国好家长"。苟能如愿，善莫大焉！

安淑芳

2016年8月8日

目 录

CONTENTS

第一章

做智慧家长，成就孩子一生——
决定孩子健康成长的四层培土

孩子出生时就像一棵稚嫩的小苗，需要父母精心地培育呵护，只有经常松土、培土、浇水、施肥，这棵小苗才能健康地长成参天大树。培育，不仅需要掌握相关的科学知识和方法，还要遵循成长的自然规律，有秩序、有目的地对孩子施加影响，最关键的就是做好四层培土。

第一节　我们需要什么样的孩子
——培养孩子的目的、目标及方法

做一个幸福的人——培养孩子的根本目的

我们培养孩子的终极目的是什么？这是一个非常重要且根本的问题。"根本"搞清楚了，才能不偏离教育的方向。

亚里士多德说：幸福是人一切行为的终极目的，正是为了它，人们才做所有其他的事情。也就是说，每个人无论做什么事，最终的目的都是要生活得幸福。譬如，有的人想发财、做官，但发财和做官本身不是目的，他是想通过发财和做官过上他心目中的幸福生活；有的人不想发财和做官，但并不是不想要幸福，他是认为发财和做官不能使他幸福，能使他幸福的是别的事情，比如从事艺术或做学术研究。

因此，培养孩子从表面上看是想让孩子上好大学，毕业后有好的工作，最终立足于社会，但其背后的目的都是希望孩子一生幸福。

所以，培养孩子的终极目的也是：让孩子一生幸福。

虽然人人都想要幸福，但是因为家庭背景、文化背景、价值观等各方面的不同，人们对幸福的理解也各不相同。到底什么是幸福？我们非常有必要弄清楚。否则，我们千辛万苦地想追求幸福，却很可能最终无法体验到幸福。

在本·沙哈尔所著的《幸福的方法》一书中，我们可以找到答案。他用一个坐标图来解释，什么是幸福。这个坐标中，横坐标代表现在，纵坐标代表将来。

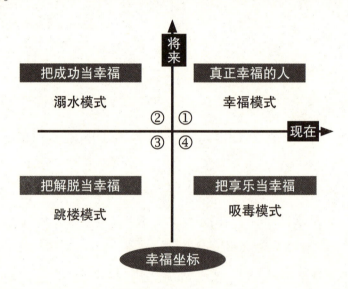

第一象限，幸福模式——真正的幸福

处于这个象限的人，是真正幸福的人。第一象限中，横坐标"现在"是正的，代表现在的生活是快乐的、满足的、享受的；纵坐标"将来"是正的，代表有积极的人生目标。这个目标可以是短期的、中期的或者长期的。每个人的人生目标各不相同，但心中有目标的人一定是充实、乐观、积极向上的。

享受着现在生活的快乐，同时不断积极地追求更高的人生目标，这种生活状态是真正的幸福。也就是说，正确的幸福观是"享受生活、不断追求目标"，这样的人也是真正幸福的人。他们享受生活，心态平和；追求目标，积极向上。最终他们会实现自我价值，一辈子处于幸福状态。让孩子拥有这样的价值观，孩子一生都会处于幸福状态。

但是，在现在的社会环境下，真正幸福的人并不多，真正幸福的孩子也不多。第二象限是当今社会的主流价值观，很多成年人希望自己和孩子生活在第二象限，这使很多孩子出现了问题。

第二象限，溺水模式——把成功当幸福

在这个象限中，横坐标"现在"是负的，代表现在的生活不快乐、不满足，也不享受；纵坐标"将来"是正的，代表内心有积极的人生目标，这类人不享受当下的生活，只追求目标，他们把成功当作幸福，但最终却生活得并不幸福。陪伴他们左右的是无尽的压力和焦虑。他们对现状总是不满意，总是给自己制定目标，他们告诉自己"现在苦一点儿、累一点儿没有什么，努力达到目标，就会幸福了"。在追求目标的过程中，他们心中充满了压力和焦虑，等到真正追求到目标的那一天，得到的却只是非常短暂的快乐——因为人的欲望是永远无法满足的。他们很快就会给自己制定新的目标，并告诉自己，"再苦点儿、累点儿没有什么，要努力，达到目标就会幸福"，背负着压力和焦虑再次上路。目标实现后，又是短暂的快乐，很快就有了新的目标。他们的生活就这样循环往复，直至筋疲力尽。就像一个人掉入水中，不断挣扎，好不容易露出水面，吸了一口气，但是很快就又沉入水中，然后又继续不断挣扎，再露出水面，呼吸一下……就这样周而复始，直至精疲力竭。因此我们称之为"溺水模式"。

生活中有太多这样类似的场景：

"你要能考到前十名，妈妈就开心了！""前十名算什么，第一、第二名才是你的目标！""班里第一、第二，有什么可骄傲的？你的目标是全年级的第一、第二！"……

"现在苦点儿、累点儿没什么，等挣够10万我就可以松口气了" "现在苦点儿、累点儿没什么，等挣够100万，我就幸福了！" "现在苦点儿、累点儿没什么，等挣够1 000万我就满足了！" ……

"现在苦点儿、累点儿没什么，等孩子考上重点中学我就轻松了。" "现在苦点儿、累点儿没什么，等孩子考上大学我就轻松了。" "现在苦点儿、累点儿没什么，等孩子买房结婚了，我就可以幸福了！" "现在苦点儿、累点儿没什么，等把孙子带大我就可以享福了！" ……

你是不是经常跟孩子说"学习苦一点儿没什么，将来考上大学就好了" "书山有路勤为径，学海无涯苦作舟" ……这样的家长就是在不断地向孩子传达"把成功当幸福"的价值观。如果孩子有了这种价值观，不管他将来是否成功，都有可能不幸福。

第三象限，跳楼模式——把解脱当幸福

在这个象限中，横坐标"现在"是负的，代表这一象限的人并不喜欢当下的生活，当下的生活不能带给他们快乐和满足。纵坐标"将来"也是负的，代表没有积极的人生目标，不知道为什么活着。这个象限的人生活得不幸福，于是他们只能"把解脱当幸福"。

当一个人充满压力和焦虑，觉得现在过得很不幸福，对未来又没有目标，看不到希望时，就会选择"解脱"。这些年频发的年轻人甚至中小学生自杀事件，便是一种自我解脱方式。跳楼是一种解脱，因此我们称之为"跳楼模式"。

现在有"网瘾"的孩子越来越多。其实，孩子有网瘾并不是网络有多吸引人，其根本的原因是孩子在现实的生活中找不到快乐和目标，缺少来自家庭的"真爱"，于是就走进网络，逃避生活，寻找解脱。有"网瘾"的孩子绝大部分都是"第三象限的孩子"。让孩子从网瘾里走出来，最好

的方法是让孩子在现实生活中找到快乐和目标。

你的孩子喜欢学习吗？他现在快乐吗？孩子有没有自己的目标？如果回答都是否定的家长就要警惕了，孩子可能会慢慢走向不幸的生活。

很多孩子会说"妈妈，要不上学就好了""妈妈，活着好累，真没意思"。孩子偶尔说这样的话，可能是一时情绪的发泄，家长不必担心。但是也给我们敲响了警钟——孩子不快乐，没有人生目标，觉得活着没意思。他可能在逐步形成"把解脱当幸福"的价值观。

很多家长希望孩子成功，希望把孩子培养到第二象限，但孩子不断努力，依然达不到家长的要求，才慢慢沦落到"把解脱当幸福"的第三象限，还有些孩子因为达不到家长的高要求，慢慢沦落到第四象限。

第四象限，吸毒模式——把享乐当幸福

第四象限，"现在"是正的，代表现在的生活是满足的、享受的、快乐的。"将来"是负的，代表"没有积极的人生目标"。这个象限的人并不幸福，因为他们"把享乐当幸福"。

中国独生子女的政策，让许多孩子从小就过着"衣来伸手，饭来张口"的日子，他们只需要"好好学习"就行了。这样的状况使很多孩子形成了"讲吃、讲穿、讲玩、讲享乐"的人生态度。有些孩子无论怎样努力学习都不能让家长满意，于是他们慢慢失去了对学习的兴趣和积极的人生目标。同时他们从小到大总能轻而易举地获得物质上的满足，所有的事情都有人包办、代替，于是他们渐渐形成了"把享乐当幸福"的价值观。这样的人在享乐后极度空虚。空虚了怎么办？再去享乐弥补空虚，周而复始，形成了"过一天算一天，过一天享乐一天"的价值观。现在大家关注的"啃老族"现象，那些年轻人不都是这样的状态吗？这种把享乐当幸福，就如同吸毒——获得短暂的快乐之后是极度的空虚。因此我们称之为"吸毒模式"。

价值观和幸福观决定了孩子将来会成为一个什么样的人，走什么样的路。价值观和幸福观具有一定的推动力，是一个人前进的动力。同时，价值观和幸福观具有提升的作用，它能提高人幸福的层次。价值观和幸福观也是可传递的，即家长的价值观和幸福观会影响到孩子。

从上面的"幸福坐标"可以看出只有第一限象的人才能真正持久地品味、体验到人生的幸福，享受幸福人生。中国传统文化"郑氏"家风中提到过："人的品性分为三等，三品之人追求富贵，二品之人追求功名，一品之人追求道德。"郑氏家风中所体现出来的价值规范与幸福四象限不谋而合。

三十而立——培养孩子的目标

中国有句古话叫"三十而立"，指人在 30 岁的时候能够自立、自强、自信、上进，能依靠自己的本领承担起对家庭、对社会的责任，能立行、立言、立业、立足于社会。

想要三十而立，就要具备以下三点：

1. 有一技之长，而且最好比别人更"长"一点。

这里所说的"一技之长"，指的是谋生的手段。当一个人在某方面比别人更专业、更出色的时候，他就不愁找不到工作，也不愁养不活自己。尤其到了现代社会，分工越来越细化，一个人要生存、发展，要过好的生活，就必须要具有一技之长。

2. 有一种能力，当你遇到困难时能使你及时获得帮助。

人生活在社会中，都不是孤立存在的，他要与社会中的其他人有各种各样的联系。尤其是当代社会，需要人与人密切的配合协作。"一个好汉三个帮"，当他人愿意帮助你时，你才能更好地生存和发展。

3. 有完善的人格和积极乐观的心态。

一个人只有具备正确的价值观和积极乐观的心态，才能感受生活，感受幸福，并最终变得越来越优秀。

如果一个人没有正确的价值观和幸福观，那么即使他很优秀，被很多人羡慕、嫉妒，但是他内心中很可能充满痛苦，也感受不到生活中的幸福和快乐！

一个人在 30 岁的时候拥有以上三项能力，才能真正地接受社会的考验，立足于社会。那么孩子如何才能具备这三项能力？

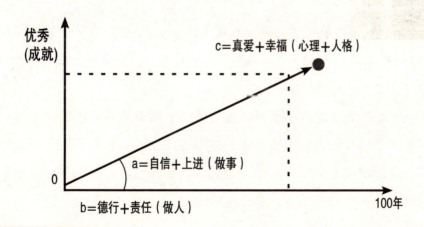

第一，自信和上进

有了自信和上进，孩子就会不断地学习、探究。越自信和上进，孩子做事的能力就会越强，也必然会拥有一技之长。上图中，夹角 a 代表自信和上进，夹角 a 的角度越大，斜线上扬得越高。

第二，德行和责任

有了自信和上进，孩子还要有德行和责任，即会做人。小偷和骗子也都很自信、上进——不断提高自己的偷窃技术以及诈骗能力。因此没有德行和责任作为底线，做事能力越强可能危害越大。所以这个坐标的原点是 b，b 代表德行和责任，要牢牢把握住。把握住德行和责任，人生才能不走入歧途。有了德行和责任，别人才会愿意帮助你。

第三，真爱和幸福

如果一个孩子没有正确的价值观和幸福观，没有健康的心理和人格，他就感受不到爱和幸福。即使学业和能力很优异，内心中依然会活得痛苦不堪，无法真正施展自己的才华。近年来，大学生自杀案例逐年攀高，某知名重点高校曾有一个月 4 人自杀的记录。自杀的内在原因有心理因素、认知错误等。心理因素有抑郁、悲观、自卑、孤僻、多疑、狭隘、焦虑、自我中心等。认知错误是价值取向出现偏差，缺乏责任感和生命意识，缺乏应对挫折和承受压力的能力。

对于孩子来说，真爱和幸福就如同上图中的小太阳。有了这个小太阳，孩子就会积极、阳光。我们做父母的，要多让孩子体会到我们的爱意，并且帮助他懂得爱自己、爱别人。当他的内心被浓浓的爱意盈满的时候，他就很容易建立正确的价值观和幸福观，并且拥有健康的心理和人格。

自信、上进、德行、责任、真爱、幸福，是孩子成长的六个基石。孩子具备这六点，就会有自己内在的动力，从而越来越优秀，走向社会后，也必然能"立"起来，能够经受住社会的检验。

不能只关注孩子的学习成绩，成绩的优秀可能是暂时的，成功也可能是暂时的。而把握住了这六点，孩子将会越来越优秀。

做智慧家长——培养孩子的方法

我们明确了教育孩子的目的、目标。那么日常生活中，我们该以什么样的态度和方式对待孩子呢？

方法一：降低要求、循序渐进帮助孩子

初生牛犊不怕虎，每个孩子初到这个世界上都无所畏惧，不断地去探索周围世界，去尝试新鲜事物，与人为善，愿意为自己负责。然而，随着孩子的成长，一些孩子却逐渐丧失了探索的精神、对世界的兴趣，以及自信心和上进心。而这些都是父母的教育方法不当造成的。

爸爸：5加4等于几？

孩子：等于7。

爸爸急了：好好想想！到底等于几？

孩子：等于……8。

爸爸：笨死了，猪脑子，教你多少遍了还不会！我怎么这么倒霉，生了你！气死我了！

啪，一巴掌打过去。孩子委屈又害怕地看着爸爸。

知识点：习得性无助

心理学上有一个著名的"习得性无助"实验。心理学家把狗关在笼子里，只要蜂音器一响，就给狗施加难以忍受的电击。狗关在笼子里逃避不了电击，于是在笼子里狂奔，惊恐哀叫，试图逃脱，但是一直逃不脱。多次实验后，蜂音器一响，没有电击，狗也立刻倒地呻吟和颤抖，不再狂奔逃避。最后，即使把笼门打开，狗可以轻而易举地逃跑，它还是绝望地等待痛苦的来临。为什么它会这样连"狂奔，惊恐哀叫"的本能都没有了呢？因为它认为那些是无用的。无助和绝望的情绪，使它不再去尝试。这就是习得性无助。

正如实验中那条绝望的狗一样，如果一个人总是在一项工作上失败，他就会在这项工作上放弃努力，甚至还会因此对自身产生怀疑，觉得自己无可救药，什么也不行。孩子也是如此。

每一个孩子都曾经很努力地去做好每一件事，想达到父母的要求和期望。但是当孩子怎么努力都达不到父母的标准，反复的挫折和失败感会让孩子陷入"习得性无助"的心理状态，失去自信心和上进心。他们会认为自己就是不行，认为自己没用，做什么都会失败，最终他们就会放弃努力。

有的父母会说："我没有高要求，我对他的要求很简单呀。上个幼儿园有那么难吗？认个字有那么难吗？背个唐诗有那么难吗？做个作业有那么难吗？他都应该能做到呀。"

站在一个孩子的角度，父母认为简单的事情对他们来说并不简单。以我们家长现在具备的能力和智慧，或许很容易。但是孩子生下来是张白纸，还不具备我们所具有的知识、经验以及能力。就像小马过河的故事中，牛说："河水不深，才到我的腿肚子，可以过！"松鼠说："河水很深，把我的小伙伴都卷走了，不能过！"我们的孩子就是小松鼠，在我们眼里不是问题的问题，在他们眼里这有可能是天大的问题，甚至会把他们淹没！比如，幼小的孩子是形象思维，他还无法理解抽象的数字。他需要一遍一遍地通过实物的推演来抽象出数字的概念、加法的概念。父母要求他立刻熟练算术，就是一种高要求。如果没有帮助，从形象思维到抽象思维，对他来说就是一个不可逾越的屏障。

因此，很多在父母看来觉得很简单的问题，对孩子来说却一点儿都不简单，甚至有可能是一次重要的人生跨越。

所以，父母不能以居高临下的态度要求孩子，而是应该降低要求，多给予孩子帮助，化要求为帮助。我们还是以算数的例子来看：

爸爸：5加4等于几？

孩子：等于7。

爸爸：算错了。咱们去抓一把豆子，数豆子。总共几个？

孩子一数：9个。

爸爸伸出大拇指：嗯，一数就数对了！多好啊，5加5呢？

孩子又一数豆子：等于10。

爸爸：太棒了，孩子！你都会了。

爸爸没有一味地指责孩子，而是想办法帮助孩子，让孩子在轻松愉快的氛围中学会了算术。孩子战胜了困难，完成了任务，得到了爸爸的鼓励。在爸爸的赞赏之下，孩子的自信心增强了，越来越喜欢学习了。孩子有了"遇到问题解决问题，我能行"的体验，就敢于去面对以后的困难了。

再来看一位妈妈如何循序渐进地帮助女儿克服恐惧的故事。

上午妈妈带6岁的女儿婷婷去参观恐龙展，远远地就听到了仿真恐龙的吼叫声，婷婷紧紧地握着妈妈的手说："妈妈，我们还是不要去看恐龙了！"

妈妈安慰她说："宝贝，这个声音听起来是挺吓人的，不过没关系，这些恐龙都是假的，不会咬人的，别怕。"

婷婷紧张地拽着妈妈的手，想阻止妈妈买票："我还是不想去。"

妈妈想了想说道："这样吧，里面除了有恐龙，还有昆虫，比如你最喜欢的七星瓢虫呀、蝴蝶呀。你可以去看这些，不看恐龙，好不好？"

婷婷听到妈妈说有瓢虫，两眼立刻放光，兴奋地说："好哇好哇，我们不看恐龙，我们去看昆虫！"

参观完昆虫展区，妈妈和婷婷不知不觉地走到了恐龙展区。看到其他小朋友都在抚摸恐龙，妈妈笑着对婷婷说："你也去摸摸恐龙，看看是什么感觉。"婷婷却摇着头，一直往后退。

妈妈又带着婷婷去看旁边的恐龙蛋。有一群小朋友正在钻恐龙蛋，在妈妈的鼓励下，婷婷也钻到蛋里面，伸手摸了摸里面的小恐龙，然后回头笑了笑："妈妈，这个小恐龙好小呀，一定不会咬我的。"

"是啊，它不会咬你的。你看那边还有个恐龙，脖子那么长，它的头也弯不下来，也不会咬你的。"妈妈一边说，一边指了指不远处的恐龙。于是婷婷从恐龙蛋出来之后，又尝试着摸了下长脖子恐龙。婷婷越玩越开心，最后还骑到恐龙身上，让妈妈给她照了相。

当孩子害怕恐龙的时候，妈妈没有生气批评她，要求她一定要胆大，强迫她去看恐龙，而是通过循序渐进的方式，让她先看昆虫，再去摸毫无恐怖感的小恐龙，使她逐渐一步一步地适应了大恐龙，最终战胜了恐惧。

如果妈妈逼迫着她去摸恐龙，只会让她更加害怕，不仅害怕恐龙，也害怕妈妈。

化要求为帮助，也是一个循序渐进帮助孩子战胜困难的过程。

方法二：正确做比较

"比"是中国人不幸福的一个根源。网络上有这样一个段子，真实地描绘出了中国人的心态：

老王辛苦了一年，年终奖拿了10 000元，左右一打听，办公室其他人年终奖只有1 000元。老王按捺不住心中的狂喜，偷偷用手机打电话给老婆："亲爱的，晚上别做饭了，年终奖发下来了，晚上咱们去你一直惦记的那家西餐厅，好好庆祝一下！"

老王辛苦了一年，年终奖拿了10 000元，左右一打听，办公室其他人年终奖也是10 000元，心头不免掠过一丝失望。快下班的时候，老王给老婆发了条短信：晚上别做饭了，年终奖发下来了，晚上咱们去家门口的那家川菜馆吃吧。

老王辛苦了一年，年终奖拿了10 000元，左右一打听，办公室其他人年终奖都拿了12 000元。老王心中郁闷，一整天都感觉像压着一块石头，闷闷不乐的。下班到家，见老婆正在做饭，嘟嘟囔囔地发了一通牢骚，老婆好说歹说劝了半天，老王才想开了些，哎，聊胜于无吧。老王把正在玩电脑的儿子叫过来，摸给他100元："去，到门口川菜馆买两个菜回来，晚饭咱们加两个菜。"

老王辛苦了一年，年终奖拿了10 000元，左右一打听，办公室其他人年终奖都拿了50 000元。老王一听，肺都要气炸了，立马冲到经理办公室，理论了半天，无果。老王强忍着怒气，在办公室憋了一整天。回到家，一声不吭地生闷气，瞥见儿子在玩电脑，突然大发雷霆："你个没出息的东西，马上要考试了，还不赶紧去看书，再让我看到你玩电脑，老子打烂你的屁股！"

老王年终奖的数目没有丝毫变化，他的幸福与不幸福，完全是由和别人的对比状态来决定的。当我们"比"的时候，我们就把自己的快乐和幸福交到了别人的手里，由别人来控制我们的快乐和幸福！

"比"是家长错误对待孩子的方式之一，也是我们对孩子产生高要求的一个原因。

儿子拿着试卷来找爸爸签字，爸爸看到上面写着95分，高兴地说："行啊，儿子，真给你爸长脸，考了95分呢！"

听了爸爸的夸奖儿子一脸错愕和忐忑，却并不高兴："哦！"

爸爸："你张叔叔家的小刚考了多少分？"

儿子低下头："100分。"

爸爸脸上的笑容一下子消失了："有多少个考100分的？"

儿子头低得更深了，小声说："有……20多个。"

爸爸腾地一下站了起来："什么？人家都能考100分，你为什么才考95分？真给你爸丢脸！晚饭不准吃了，给我背书去！"

中国的家长特别喜欢拿自己的孩子和别人家的孩子比：你看看人家，你就不会跟人家学学！意图通过"比"，激发孩子向别人学习的积极性。然而孩子们极其讨厌这句话，它不仅不能激起孩子向别人学习的想法，反而会让孩子觉得自尊心受到了伤害。有一名家长说道，自己小时候，有一次考试没有考过同学，被妈妈拖到同学家里，妈妈当着众人大声地说"看人家的孩子是怎么学习的"，那种屈辱的感受到现在想起来还耿耿于怀。

正因为"比"是中国家长非常普遍的一种教育方式，孩子们又深恶痛绝，因此诞生了这样一个苦涩的幽默：中国的孩子从小到大都有一个宿敌，名字叫作"别人家的孩子"。这个别人家的孩子不玩游戏，不聊QQ，就知道学习，每次考试年级第一；这个别人家的孩子干家务，有礼貌，知书达理，既乖巧，又听话；这个别人家的孩子，所有人的优点他都有，所有人的缺点他都没有。当孩子终于长大，觉得这个宿敌终于消失了，但是发现又一个强劲的敌人出现了：别人的老婆，别人的老公。

如果丈夫对你说："你看你，饭也做不好，孩子也带不好，家里整天乱七八糟，还把自己弄成了一个黄脸婆。你看看对门的媳妇，做的饭有色有味，里里外外收拾得干干净净，每天自己还收拾得漂漂亮亮，上得厅堂，下得厨房，你就不会跟人家学学吗？"

作为一个妻子，你会有怎样的反应？妻子们常见的反应，通常会怒火中烧地说：

"她好，你跟她过去！"

"你爱吃不吃，我以后不做了。"

"你怎么不看看人家老公，又能挣钱，又顾家，又体贴，你怎么不跟人家学学？"

几乎没有妻子会说："老公，你说得对，我一定要好好跟人家学学。"

同样，作为一个丈夫，如果妻子拿你跟别人家的老公比，你会虚心向那个男人学吗？你一定不会！你会满肚子的郁闷！

"比"不仅没有促使我们向别人的老公、老婆学习，反而伤害了我们的自尊心和自信心，激化了我们的负面情绪，让我们做得越来越差。

将心比心，孩子也是如此。家长都希望通过"比"来激励孩子，实际上却并不能激发孩子向别人学习的动力，反而让孩子的表现更差。很多家长都跟我们说，每当他让孩子好好向别人学习时，孩子就会说：谁谁还不如我呢！拿孩子跟好的比，孩子就一定会跟比自己差的比。因为爸爸妈妈在打击他的自尊心和自信心，孩子不得不跟差的比，去努力维持自己的自尊心和自信心。

所以，请放下这个错误的"比"法。不要再拿我们的孩子跟别人家的孩子比了！

如果要比，就拿孩子自己比。

正确的三比：

自己与自己比！

这次与上次比！

今天与昨天比！

孩子考了65分回来，还是倒数第一，忐忑地回到家里。妈妈说："咱们不和别人比，自己和自己比就好。你上次才考了52分，这次一下进步了13分呢，说明你努力了！妈妈真为你高兴！"妈妈没有责备自己，孩子很开心，说："妈妈，下一次我要争取考80分！"当我们把孩子和自己比时，孩子就会对自己有要求，孩子就会和比自己好的比。

方法三：正确欣赏孩子

父亲节快到了，9岁的烁烁想给在外地工作的爸爸写一封信，于是拿出自己的钢笔，一个人在书桌前写了半个小时。

妈妈："我能看看吗？"

烁烁："嗯……好吧。"烁烁迟疑地把信拿给妈妈。

妈妈："哎呀！烁烁，你怎么一上来就写错字啊，还写得歪歪扭扭的，还有涂成黑疙瘩的，一点儿都不整齐，爸爸看到能开心吗？你再重抄一遍吧。"

妈妈把烁烁写错的字都写在旁边的草稿纸上，烁烁开始从头抄写，可是却写错了更多字，每次写错烁烁就撕掉重写，反复好多遍。最后烁烁气愤地把钢笔扔到一边，把信纸都团成团扔掉，大声喊着："我写不好，我不写了！"眼泪在眼眶中打转。

烁烁为庆祝父亲节要写信给爸爸，一个人写了半个小时，相信这半个小时，他内心有无比的喜悦，并且无论他的信写成什么样子，爸爸都能感受到儿子此时此刻的一番心意。这或许是人世间最可贵的东西了，它叫作"亲情"。而当妈妈开始"批判"烁烁错字太多、字写得不整齐的时候，一切都仿佛碎掉了一样，烁烁的欢喜被一扫而空，他对写信过程的享受变成了对错误的恐惧，因此一遍比一遍写得更加不好，最终痛苦得丧失了勇气。

作为父母，我们肩负着教育孩子的重任，但是这不表示我们要把孩子培养成毫无缺点的完人，我们自己不完美，也不要要求孩子完美，只有我们关注孩子成长过程中的进步，孩子才能感受到我们的信任和鼓励，才会更加积极努力和上进，才会改善缺点、改正错误。关注错误，只会让孩子感受挫折、受到打击。而且很多错误是由于孩子成长阶段技能不足造成的，这种错误不会伴随孩子一生，比如错字，等他技能提升了，错字自然就消失了。一味地关注错字很可能导致孩子对这一"挫折"的记忆留存一生，所以完美主义的家长们，需要换个角度看看孩子的进步。要知道，我们现在做的每件事，都是在创造孩子一生的回忆。

试想一下，30年后看此信，看到那稚嫩的笔迹、涂改和错漏，我们该会多么怀念那埋头给爸爸写信的小小身影啊！面对孩子成长过程中的种种"尚不完美"，如果我们全心全意去接纳，终有一天，我们会怀念那个"尚不完美的小孩"的。

有很多父母认为，教育孩子，就一定要把孩子的错误、不足给挑出来，一定要批评孩子，这样才是对孩子好，才能让孩子进步。所以很多父母练就了挑孩子毛病的火眼金睛！对孩子不停地唠叨批评："又跑神了！字写歪了！题又错了！姿势不对！音又弹错了！节奏又错了！……即使考了96分，还有那4分为什么丢掉？"总之，他们只盯着孩子的不足，对孩子付出的努力和辛苦视而不见。

试想一下，当你在工作的时候，老板不停地挑毛病，你会是什么反应？恐怕你会发怒，甚至跳槽不干了："嫌我做得不好，你来做！我不做了！"

孩子却无法跳槽，但是他会失去学习的动机和兴趣。孩子在写作业时，妈妈在一边批评"这个字不好，那个题错了，姿势不好，走神了，笨死了"，或者"啪"的一巴掌打上去了，孩子哭了，妈妈更烦躁，声音越来越高，打得更重。日积月累，给孩子留在潜意识中的印象就是：写作业=妈妈生气=我要受惩罚=我不快乐。慢慢地，孩子就建立了这样的神经连接：写作业=我不快乐。

人的行为动机有两种，即追求快乐和逃避痛苦。当学习总是给他带来痛苦的时候，孩子就会逃避学习。逃避学习是为了逃避痛苦。

家长总挑孩子的不足，情绪化地对待孩子，孩子就没有成就感，他的自信心、上进心都会受到打击，最终丧失前进的动力，认为自己真的不行。

因此当我们不断对孩子的学习挑毛病的时候，我们在伤害的是孩子一个最重要的东西：学习兴趣。即便是成人如果总是在做一件没有成就感、不快乐的事情，估计这个事情也很难坚持下去，更不要谈会出什么成绩。

很多家长会问：如何培养孩子的学习兴趣？其实答案就是一句话：让孩子在学习中找到成就感，找到快乐。这个成就感和快乐是家长给的。除了放下要求，放下错误的"比"，还有更重要的一点：多欣赏孩子。只要你愿意，就一定能发现孩子的优点。

如果孩子的成绩不是很好，我们可以欣赏孩子的字迹；如果孩子的字迹不好，我们可以欣赏孩子的认真努力。孩子的身上总有闪光的地方，我们要善于去发现，去欣赏，这远比要求孩子这样、那样来得省心，而且效果会非常好。其实，真心欣赏和赞美别人也是一种能力。

孩子考了 96 分，意味着掌握了 96% 的东西，只有 4% 的内容没有掌握。孩子考了 60 分，也是掌握了 60%，也是他付出了一定的努力才得到的。

小故事：

家长会上，老师在黑板上做了这四道题：

2+2=4；

4+4=8；

8+8=16；

16+16=33。

"错了！"家长们纷纷说道，"你算错了一道。"

老师转过身来，慢慢地说道："是的，大家看得很清楚，这道题是算错了。可是前面我算对了三道题，为什么没有人夸奖我，而只是看到我算错的一道呢！"

老师接着意味深长地说："家长们，教育的真谛不在于发现孩子的错误之处，而是肯定和欣赏他们做得对的地方！"

大道理：

先知长，后知短；

放大长，缩小短；

现在短，未来长；

珍惜长，善待短。

因此，教育不是逮住孩子的错事，让他们改正，而是努力捕捉孩子做得正确的事情，去欣赏。

欣赏孩子要具体，而不是泛泛的"你真行""你真棒""你真厉害"。如果只是这么泛泛而谈，随着孩子慢慢长大，孩子会觉得父母在敷衍自己。孩子写完作业，拿给妈妈看。一个妈妈每次都说："不错，很认真。"孩子觉得妈妈有些敷衍自己。另一个妈妈说："孩子，你看你这几个字写得方方正正的，横平竖直，写得真好！"孩子很开心，感受到妈妈对自己的关注和欣赏，备受鼓励，接下来每个字都努力写得方方正正！

要多欣赏孩子的勤奋和付出的努力，而不仅仅是成绩。

"孩子你考了 100 分，你真棒，你真厉害。"只夸成绩会让孩子更多地关注结果，产生压力。下一次考试时，孩子会很紧张：考不了 100 分怎么办？让孩子变得想赢怕输。

"孩子，你考了 100 分，妈妈为你高兴。这是你平常努力和勤奋的结果。妈妈更为你的勤奋和努力骄傲！"当妈妈欣赏孩子学习过程中的勤奋和努力时，孩子就会关注学习的过程，看淡结果。当孩子把过程做好了，心中又没有太大的压力，结果自然而然就会来。

【心理学实验】：正确地欣赏孩子——表扬与鼓励

斯坦福大学著名发展心理学家卡罗尔·德韦克带领她的团队，对纽约20所学校的400名五年级学生做了一系列实验，以研究表扬和鼓励对孩子的影响。

第一轮测试是简单的智力拼图。完成测试后，研究人员随机地把孩子们分成两组，一组孩子得到的是一句关于智商的夸奖，即表扬，比如，"你在拼图方面很有天分，你很聪明"。另外一组孩子得到的是一句关于努力的夸奖，即鼓励，比如，"你刚才一定非常努力，所以表现得很出色"。

第二轮测试，有两种不同难度可选，一种较难，另一种较简单。结果发现，那些在第一轮中被夸奖努力的孩子中，有90%选择了难度较大的任务。而那些被表扬聪明的孩子，则大部分选择了简单的任务。由此可见，自以为聪明的孩子，不喜欢面对更大挑战。

为什么会这样呢？德韦克在研究报告中写道："当我们夸孩子聪明时，等于是在告诉他们，为了保持聪明，不要冒可能犯错的险。"这也就是实验中"聪明"的孩子的所作所为：为了保持看起来聪明，而躲避出丑的风险。

第三轮测试很难，是初一水平的考题，德韦克团队故意让孩子们遭受挫折。可想而知，孩子们都失败了。先前得到不同夸奖的孩子们，对失败产生了差异巨大的反应。那些先前被夸奖努力的孩子，认为失败是因为他们不够努力。德韦克回忆说："这些孩子在测试中非常投入，并努力用各种方法来解决难题，好几个孩子都告诉我：'这是我最喜欢的测验。'"而那些被表扬聪明的孩子认为，失败是因为他们不够聪明。他们在测试中一直很紧张，抓耳挠腮，做不出题就觉得沮丧。

第四轮测试和第一轮一样简单。那些被夸奖努力的孩子，在这次测试中的分数比第一次提高了30%左右。而那些被夸奖聪明的孩子，这次的得分和第一次相比，却退步了大约20%。

德韦克解释说："鼓励，即夸奖孩子努力用功，会给孩子一种可以自己掌控的感觉。孩子会认为，成功与否掌握在他们自己手中。反之，表扬，即夸奖孩子聪明，就等于告诉他们成功不在自己的掌握之中。这样，当他们面对失败时，往往束手无策。"

在后面对孩子们的追踪访谈中，德韦克发现，那些认为天赋是成功的关键的孩子，不自觉地看轻努力的重要性。这些孩子会这样推理：我很聪明，所以，我不用那么用功。他们甚至认为，努力很愚蠢，等于向大家承认自己不够聪明。她还发现，无论孩子有怎样的家庭背景，都受不了被夸奖聪明后遭受挫折的失败感。男孩、女孩都一样，尤其是好成绩的女孩，遭受的打击程度最大。甚至学龄前儿童也一样，这样的表扬都会害了他们。

表扬容易让人变得脆弱，鼓励会使人增强进取精神。

方法四：智慧原则

《隋唐演义》中程咬金有三板斧：劈脑袋、小鬼剔牙、掏耳朵。他只会用这三招，除此之外，没有招数，因此反反复复用这三招。中国家长也有四板斧，这四板斧反反复复使用，用得炉火纯青。

妞妞早上起来。

妞妞：妈妈，我今天不舒服，你能帮我跟老师请一天假么？

妈妈：怎么不舒服了？

妞妞：我早上起来咳嗽了，喉咙还很痛。

妈妈摸摸妞妞没有发烧。就说：咳嗽又不是很严重，吃点药，到学校多喝水就没事儿了，你必须要去上学。

妞妞立刻拉下脸，开始吵闹。

妈妈：宝贝，你很棒，妈妈知道你很勇敢，不舒服还能坚持去上学，老师、同学知道了一定夸你！

妞妞：我就是不想去上学嘛！

妈妈沉下脸：别闹了！你现在越来越没个样子了！咳嗽一下就不想去学校！你要不上学，就不是好孩子。爸爸回家也会批评你，晚上也不准你看电视。

妞妞大声说：我就不去！

妈妈顿了顿：小朋友都要上学的。到幼儿园里可以学知识。你要不去，就没有他们聪明。再说了，你的病也不重，不能遇到一点儿困难就不去了呀。遇到一点儿困难就放弃，长大怎么会有出息呢？

妞妞说：我就不去！

中国家长的四板斧：第一招总要求，第二招总表扬，第三招总批评，第四招总讲道理。反反复复用这四招，越用越不管用。

这个案例中，妈妈就用全了这四大招。第一招，总要求："你必须要去上学。"这招不灵，就换第二招，总表扬："宝贝，你很棒，妈妈知道你很勇敢。""老师、同学知道了一定会夸你！"第二招也不灵，出第三招，总批评："你现在越来越没个样子了！""你要不上学，就不是好孩子。"这一招也不管用之后，妈妈又使出第四招，总讲道理："都要上学的。""你要不去，就没有别人聪明。""遇到一点儿困难就放弃，长大怎么有出息呢？"

"总要求""总表扬""总批评""总讲道理"是中国家长教育孩子惯用的四大招数。"要求""表扬""批评""讲道理"的前面加个"总"，是因为很多家长除了这四招，没有别的方法，不管什么问题，都是只有这四招，反反复复用这四招。即使将这四招运用得炉火纯青，也毫无成效。经常会有家长无可奈何地说："说也说了，夸也夸了，骂也骂了，打也打了，道理讲过100遍，都没用！"

下面以做作业为例看看家长如何运用这四大招。

总要求："宝贝，好好写作业。""宝贝，快点儿写作业。""别磨蹭！"

看总要求不行，又用总表扬："宝贝，你多棒啊，快点儿写作业吧。""宝贝，你要是快点儿写作业，妈妈就表扬你。""宝贝，你要是能认真写作业，你就太棒了！"

总表扬不管用又用了批评的招数："你怎么能这样磨蹭呢？蜗牛都比你快！""磨蹭死你了！""你要气死我了！""笨死你算了，简直猪脑子！"批评的最高形式：打！噼里啪啦揍了一顿，还没用。

最后总讲道理的招数也用上了："宝贝，你说你不好好写作业，妈妈还得催你、揍你，咱俩都不高兴，何苦来着？你好好写不就完了吗？""你不好好写作业，怎么能学习好呢？学习不好，考不上大学，找不到好工作，将来吃亏受累的还是你，少壮不努力，老大徒伤悲！"

最后发现孩子依然磨蹭，不好好写作业，家长无奈了。

这几个方法之所以无效，是因为都只是在用"嘴"，而没有运用智慧。

什么是智慧呢？

词典里对"智慧"的解释是：辨析判断、发明创造的能力。就家庭教育而言，辨析判断就是指发现、辨别、分析、判断问题出在哪里、原因是什么；发明创造就是指想到解决方法。简单地说就是找原因、想办法，因此，我们给出了智慧公式：智慧=找原因+想办法。

佛家说"戒定慧"，戒即"不做坏事，不做不该做的事，做错的事情先停下来"，定即"排除杂念，安下心，静下心"，慧即"静能生慧，戒定之后才能拥有智慧"。对于家长，就是要先管住嘴，静心动脑，才能拥有智慧。

【智慧四化】

有一位妈妈因为孩子写作业慢，非常苦恼。每次孩子写作业她都呵斥、催促，急得不得了，四大招用完了，最终弄得孩子哭哭啼啼，也不见成效。每天的写作业时间几乎成了家里的"战斗"时间。在42天跟踪训练期间，指导老师告诉这位妈妈，孩子写作业慢的原因有很多，每家孩子都不同：有的是讨厌学习；有的是讨厌老师；有的是上课没听懂；有的是没时间观念；有的是为了避免写完后又被家长安排更多的作业，干脆慢慢写。不同的孩子原因不同，只有找到原因才能解决问题。指导老师建议这位妈妈，先闭上"嘴"，这一周孩子写作业的时候，自己什么都不说，就在一边观察，看看究竟是什么原因。一周之后，这位妈妈说："我发现孩子写作业慢的原因了。孩子写作业的时候，每写一个字，就看一下书，她不会看一句写一句，这样就变得特别慢。"找到原因后，接下来，妈妈在老师的指导下开始想办法帮助孩子提高阅读和书写能力，让孩子循序渐进，逐步学着念完一句再写到纸上。经过妈妈的帮助和训练，孩子最终学会了整句整句地阅读和书写，作业速度也大大提高了。

每一个问题背后都有自己的原因。即使表面相同的问题，背后的原因也各不相同。就像发烧，外在都是发烧，而内在引起发烧的原因却很多。找到病因，才能对症下药。是积食发烧，还是感染发烧？感染又是什么感染了？是扁桃腺炎，还是肺炎？孩子的问题也是如此。每一个表面的问题背后的原因都不同。我们要学会找原因、想办法。

总要求、总表扬、总批评、总讲道理，是无效的做法。有效的做法是：化要求为帮助、化表扬为鼓励、化批评为评价、化讲道理为可操作的步骤。我们称之为"智慧四化"。

化要求为帮助。如同上面的例子，妈妈要求孩子快点儿写作业，孩子就是写不快。后来妈妈帮助孩子找到原因，并帮助孩子练习一句一句地阅读书写，孩子写作业的速度就大大提高了。所以，不能要求孩子，而是要想办法帮助孩子。

化表扬为鼓励。表扬关注结果，鼓励关注过程。在孩子做得好的情况下，妈妈应该鼓励孩子再接再厉，并对他付出的辛苦和努力表示赞赏！在孩子遇到困难、存在不足的情况下，父母更应该鼓励孩子，帮孩子增强自信心，增强战胜困难的勇气。鼓励的另外含义，就是对孩子的信任和支持。

化批评为评价。批评通常带有不满的情绪，甚至会带有人格攻击，而评价是对事物客观的描述和评论，对事不对人。比如在孩子边写作业边玩的时候，很多妈妈都会批评孩子："你这孩子怎么写着写着又玩上了！""你怎么一点儿都管不住自己！""你就不能让我省点儿心吗？"批评的最高形式，就是打孩子。而批评并不能让孩子进步，反而会让孩子产生逆反情绪，使情况变得越来越糟糕。批评过多，甚至会损害亲子关系。而评价却能带来积极的作用，比如看到孩子一边写作业一边玩，妈妈可以说："妈妈观察到你写作业写几分钟，就拿起玩具玩一会儿。这样会导致你写作业的时间比较长。去除玩玩具的时间，今天你实际花在写作业上的时间才20分钟。所以妈妈认为，如果你能在写作业时把玩具拿开，你的学习效率会更高。而你写完作业之后，也可以痛痛快快地玩玩具了。"这样的评论加上建议，不仅不会激起孩子逆反心理，还可能令让他更加配合你。

化讲道理为可操作的步骤。经常有家长说：孩子道理明白，可就是做不到。家长要想让孩子既明白道理又能很好地执行，就要给孩子讲解和示范每一步的流程以及操作方法。比如为了让孩子做家务，家长经常会讲一堆道理："你要好好做家务，不然将来没出息。""你要学会自己做饭，要不然以后没人管，你连饭都吃不上。"……讲完之后，孩子依然不会做家务，这时候家长就要给孩子讲解和示范。以蒸米饭为例子，家长要耐心地示范给孩子：第一步，盛两杯米洗净，放入电饭锅中；第二步，再添一碗水，放进锅中；第三步，插上电饭锅电源；第四步，选择电饭锅的煮饭按钮；第五步，等电饭锅按钮跳起来到保温位置，再保温十分钟；第六步，关掉电饭锅电源。了解了这些可操作的步骤，孩子就知道水量、米量、时间怎么控制了，就能做出好吃的大米饭了。

方法五：认真原则

化讲道理为可操作的步骤，遵循的就是认真原则。什么是认真原则呢？

家长经常让孩子认真干这个，认真干那个。但是孩子却并不知道到底什么是认真，到底该怎样做才对。只有把步骤分解清楚，孩子才知道应该怎么做。

认真原则就是：目标明确，过程清晰，结果达标。

目标明确：学会蒸出好吃的大米饭。

过程清晰：如上面六步。

结果达标：做出来的大米饭软硬适中，美味可口。

孩子做作业也是如此。家长经常对孩子说："你要好好写作业。""你要认真写作业。""你要专心写作业。"但是孩子却做不到。因为家长也不知道到底怎样才是认真，怎样才能专心。我们在孩子成长营中教给孩子们的做作业流程与方法如下：

1. 做好准备。包括生理准备，如喝水、上厕所等。需要的文具要准备好，避免写的过程中总是起来。书桌桌面收拾干净，不需要的、有干扰的东西收拾走。

2. 复习回忆。回忆当天的学习内容。

3. 看表计时。记录时间可以帮助提高效率，培养时间观念。孩子有时间观念后可以自己设定完成作业的时间目标。

4. 独立完成，一气呵成。写作业过程中有问题先做上标记，跳过问题，把会的先写完。

5. 问题求助。会的写完后，不会的一起查资料问家长或求助别人。

6. 最后检查。查缺补漏，看看有没有遗漏的作业。通过验算代入等方法检查对错。

这些步骤掌握之后，孩子自然而然就能达到一个好的写作业状态。

小贴士：

教育靠的是智慧，而不是"嘴"——总要求、总表扬、总批评、总讲道理不是智慧。

智慧口诀："先闭嘴，再动脑，找原因，想办法，迈开腿，去行动，关心爱人，帮助孩子。"

第二节　决定孩子健康成长的四层培土

第一层培土——认识你的孩子

　　当孩子来到这个世上，会给父母和家庭带来无比的喜悦和幸福。爸爸妈妈都希望这个孩子能承担起家庭所有的希望，将来能够出人头地，于是从小就十分重视孩子的教育，让孩子学习各种各样的才艺和技能。父母望子成龙的心情能够理解，但是请你们想一想：当你们用尽各种手段和方法逼着孩子去学习你们认为孩子所需要的东西时，你们有没有考虑过孩子的感受？有没有体会过他们的心情？这种教育方式顺应孩子的天性么？

　　这一层讲的是育儿知识，从孩子的天性出发，帮助父母们在生活中认识孩子，理解、包容孩子的情绪和行为，从而运用科学的方法更好地教育孩子。孩子的成长就如同种庄稼，农民种庄稼有农时，播种、施肥、浇水都有时机。比如种冬小麦，民间俗语有"秋分五，麦入土"之说，即秋分之后第五天，才适合种小麦。种得过早，麦苗长得高，冬天可能会冻死，造成绝收。种得过晚，则让小麦错过了成长时机，也很难丰收。孩子的成长也不例外。孩子从出生到长大成人要经历几个阶段，不同的成长阶段有着不同的发展规律，有其自身的、固定的程序，每个阶段都有其不同的特点，主要包括生理、心理以及大脑等几个方面的变化。比如，低幼儿童神经抑制机能还很差，不能过久地抑制自己的行动，所以不能久坐，或者从事过分细致的作业活动。当家长不知道这些规律，低幼儿童又不能像大人一样规规矩矩地学习文化知识时，他们就会认为孩子注意力不集中、脑子笨、手脚笨、不用心观察、不听话等，从而对孩子批评、打骂。久而久之，孩子就会对学习产生厌倦、恐惧的心理。

认识到这一点，家长们就要从孩子出生，甚至出生之前就做好相关育儿知识的学习，这样才能有效地帮助孩子健康成长。

第二层培土——给孩子最好的爱

了解了育儿知识，父母们又将如何把这些知识运用到日常的教育中呢？

相信每位父母都是爱自己的孩子的，但很多情况下，孩子对此似乎并不买账。举个简单的例子：孩子刚洗完澡，妈妈就给孩子套上厚厚的衣服，但孩子一转眼就把衣服脱了，只穿着秋衣秋裤在沙发上跳来跳去。妈妈怕孩子冻着，非要孩子把衣服穿上，结果搞得孩子哇哇大哭。诸如此类事件，网友会这样调侃道：有一种冷叫你妈觉得你冷。看到这里，我们不禁呵呵一笑。但笑过之后，请父母们仔细想想，在您的家里，是不是也曾出现过类似的情况呢？比如您觉得孩子热，您觉得孩子累，您觉得孩子饿……这一切，难道不是父母把自己的主观意志强加给孩子吗？您是在表达对孩子的爱，但孩子为什么会抗拒呢？究其原因，是表达的方式不对，或者说父母不具备爱的能力，不懂得怎样爱孩子。不会爱，还坚持去爱，那等于是在毁孩子。

所以这一层讲的是如何给孩子最好的爱，如何用正确的方式去爱孩子。不是给一口饭吃，把孩子喂饱就叫爱了，那跟养宠物有什么分别？真正的爱，不仅仅是感官上的满足，更是从心灵上去关爱孩子，关注孩子的心理，关注孩子的情绪。

关爱孩子最好的方式是陪伴。有的父母也许会说：我天天陪着我的孩子呀，我这么爱他，他怎么还老是不听话呢？请注意这里的用词，您用的是"陪着"，而不是"陪伴"。譬如您和孩子一起吃饭，孩子兴致勃勃地讲着他身边的趣事，您却在自顾自地看手机，请问这是陪伴吗？孩子兴冲冲地找您一起玩皮球，您敷衍地拍了两下后就对孩子说"自己去玩吧"，请问这是陪伴吗？您陪着孩子写作业，孩子抬头问"这道题我不会"，您回答"这都不会，平常干什么去了"，请问这是陪伴吗？陪伴，不仅仅是身体在一起，更是心与心的交流和沟通。

陪伴孩子最好的方式是共情。那什么是共情呢？所谓共情，即和他人一起感同身受，在情感上分担他人的遭遇，也就是：

换位思考——设身处地从孩子的视角看世界；

感同身受——感受孩子的世界；

情感回应——将你感受到的孩子的感受告诉他。

所以，真爱孩子，就是用共情的方式全身心地陪伴孩子，遵循孩子的发展规律，进入孩子的内心，理解他，包容他，了解他的需求，无条件地接纳孩子，并关注孩子内心的成长。

第三层培土——培养孩子的德行与责任

如果想让孩子立足于社会，最关键的就是对孩子德行与责任的培养。为什么呢？一个人，如果缺失了德行与责任这条底线，即使再有才华，那么他也只会是一个给他人和社会带来危害的人。比如最近在社会上闹得沸沸扬扬的"复旦投毒事件"，罪犯林某作为医学专业的研究生，掌握了非常高深的医学专业知识和技能，他无疑是有才华的。但是因为德行方面的欠缺，他对自己和他人都不负责任，致使其因为一些生活琐事，便在饮水机中投毒将舍友杀害，断送了他人和自己的前途。这不能不令人感到惋惜。试想一下，如果不是因为这个事件，他和舍友将来都能够顺利毕业走向社会，凭借他们的才华，一定能为社会做出很大的贡献。但是生活没有如果，就在他投毒的一瞬间，注定了从那一刻起，生活将走向悲剧——他亲手葬送了别人的生命，也葬送了自己的前程，同时给两个家庭带来了伤害，给社会造成了危害。这看似是一个偶然，实际上是他从小缺乏德行教育的必然结果，也折射出了整个中国教育大环境下德行教育的缺失。

这与古代的家庭教育形成了强烈的反差，古人是非常重视道德修养的。比如，古人讲"修身，齐家，治国，平天下""上善若水，厚德载物""其身正，不令而行；其身不正，虽令不从"等，强调的都是德行在修身中的重要性。所以德行与责任这一层是教育孩子最重要的内容，也是我们这套体系的核心内容。

第四层培土——建立良好的夫妻关系

很多家庭，因为有了孩子，父母不自觉地便把生活的重心倾向于孩子，一切以孩子为先，把孩子照顾得无微不至，却忽略了爱人的感受。这个时候，孩子在家里是排在第一位的，而爱人却被排在最后一位。很多父母可能会觉得：这很正常啊，我们都是成年人了，稍微冷落一下也没什么关系，孩子还那么小，当然是以孩子为主啊，难道还要和孩子争风吃醋吗？何况孩子也是你的呀？听上去似乎很有道理。不过对于伴侣来说，短时间的受冷落还能够忍受，但时间一长，必然会觉得不舒服，甚至会爆发很大的情绪，等到时候再想弥补，很可能就来不及了。这源于人类内心深处的自我认同感，谁都渴望被认同，但如果长期被外界忽视，得不到外界的回应，任何一个人都会因此心情烦躁，并会想尽一切办法引起外界的关注，或者干脆改变目前的生活状态。许多家庭的离异就是因为过于重视亲子关系而引发的。

这需要引起广大家长的重视，因为现在的很多家庭普遍存在着这种状况，而很多的夫妻深陷其中不能自拔，经常大吵大骂，甚至当着孩子的面大打出手。试问，孩子在这样的家庭环境中成长，将来会成为什么样子呢？许多孩子的身心健康以及人格构建因此受到了非常消极的影响，这绝不是危言耸听。所以我们提倡：夫妻关系重于亲子关系。良好的夫妻关系能够营造出一种温馨和睦的家庭氛围，夫妻之间互敬互爱，相敬如宾，孩子在这样的环境中成长，生理、心理、人格等各方面都能够健康发育，对于孩子成人、成才都有积极的推动作用。

有了以上这四层培土作为基础，相信您的孩子将来一定能成为一个各方面全面发展的优秀人才，而父母在教育孩子的过程中也会不断提高自己的知识水平、育儿能力和道德素养，并且能够维护良好的夫妻关系。

第二章

认识你的孩子——
读懂孩子是教育孩子的基础

如果我们想养一只小猫，我们需要知道猫的习性；如果我们想养一只小狗，也需要知道狗的习性。如果你不准备猫砂，不出去遛狗，小猫、小狗把你的家弄得乱七八糟的时候，你去责备小猫、小狗吗？那我们养个孩子，如果不了解孩子的成长规律，不知道不同年龄段孩子的生理发育、心理发育、智力发育等，那么就会造成很多的矛盾冲突，父母着急，孩子无辜。为减少此类亲子冲突，父母要简单了解一些科学育儿的知识。

第一节 婴幼儿期（0 ~ 3 岁）

失明的原因——孩子大脑的最初发展

一个 6 岁的孩子右眼丧失了视觉能力，妈妈说起原因一直很自责：这个孩子 2 个月的时候不小心磕伤了眼眶，当时正好是冬天，妈妈怕伤口着凉，每次出去都用眼罩和帽子把右眼罩起来。在家里也怕孩子抓了挠了，所以连续罩了一段时间。后来孩子右眼的视力逐渐衰退，到 6 岁的时候，右眼就完全丧失了视觉能力。

孩子从离开妈妈身体的一刻，就能够感知到光，这个时候孩子的视觉能看到的距离大约 60 厘米，最清晰的距离是 20 厘米左右，也就是妈妈抱着孩子的距离。

在孩子刚出生的头几个月里，是视觉发育至关重要的时期，1 ~ 2 个月开始能够集中在活动的、颜色鲜艳的物体上，能够视觉追踪一个活动的物体。6 个月左右，孩子的视力相当于成人的 20%，到了两岁左右就基本达到成人的水平。但是如果在关键期内得不到足够的光的刺激，就会对孩子视力的正常发展造成严重的不良影响。案例中的孩子在处于这个迅速发展的时间段内，妈妈怕伤口着凉，用眼罩挡住了光线，造成孩子的视觉神经缺少光的刺激而发育不足，于是慢慢出现了视觉障碍，直到最终丧失了视觉能力。如果妈妈早一点了解孩子的发育知识，就可以避免出现这样的结果。

给父母的建议：

让孩子多见光，多看五颜六色的东西，这样孩子的视觉就能受到足够的光和色的刺激，孩子的视觉灵敏度就会提高。此外，让孩子感受白天亮、晚上暗，开灯亮、关灯暗，有利于孩子建立条件反射。天暗了、关灯了就该要睡觉了；天亮了、开灯了，就可以睁开眼睛看看、玩玩了。但是由于孩子的视觉还比较柔弱，尽量不要让光线过亮，大致控制在我们成年人觉得柔和舒适的程度即可。特别提醒爸爸妈妈们，很多家长因为刚刚有了小宝宝，特别喜欢给孩子拍照，这时候建议不要使用闪光灯，再有就是给孩子洗澡时，尽量避免浴霸的强光直接照射孩子的眼睛，过强的光线刺激会伤害孩子的视觉神经，影响孩子的视觉发育。

善解人意的妈妈和不会说话的宝宝——言语发展

我家宝宝快2岁了，会叫爸爸、妈妈，但是平时很少说话，要什么东西都是用手指，问他也不说话，急死人了。因为不知道宝宝要表达什么，我们怕他着急，所以他一指什么，我们就把他指的东西递给他。

关于孩子的言语发展，每个孩子都不太一样，有的早，有的晚。一般情况下，排除听力或智力方面的问题，在最初的咿呀学语期和开始发出"爸""妈"这样的单字词的阶段，通常前后差不了一两个月。但是在会说了之后，很多孩子的差异却比较明显，有的孩子很快就从单字词过渡到双字词，再过渡到用两个词来表达一句话的意思，最后学会用主语、谓语完整表达一句话。但是有的孩子在会说单字词之后，忽然一段时间不再说新的词了，这时候爸爸妈妈就会着急，催着孩子说话，但是孩子依然打哑语，过了一段时间后，孩子忽然就能说整句话了。所以每个孩子在言语发展上，具备很多个性化的发展阶段。

哪些方面影响孩子的言语发展呢？

首先，听力障碍和智力障碍会影响孩子的言语发展，特别是会使大脑语言区受损，会直接影响孩子的言语发展；其次，有的孩子舌系带较短，一些卷舌音含糊不清；最后，有的孩子沟通意愿不强，这可能会有一些先天性脑发育引起的病症。

排除以上生理原因之外，教养方式也会引发孩子言语发展迟缓。比如，孩子最初在学语言的时候，咬字不清是很正常的，但是有的父母听不得孩子说不好，频繁纠正孩子的发音，导致孩子说话受挫。当孩子总是被打击时，就不愿意再开口说话，从而影响孩子言语发展。

还有一种情况，孩子说话没什么问题，但是因为在言语发展的关键期，父母不合，家庭氛围糟糕，或者父母情绪不稳定，经常打骂、斥责孩子，使得孩子每天战战兢兢不敢说话，最终影响了孩子的言语发展。

还有就是像上面这个案例中的妈妈，用过于溺爱的"善解人意"，让孩子完全不需要说话就立刻满足了需求，孩子没"机会"锻炼言语能力，只要哼唧一声妈妈就立刻懂了，只要一伸手妈妈就满足了，根本无须说话，从而影响了孩子的言语发展。

2～3岁是孩子语言发展的关键期，语言表达能力在这段时间发展最迅速，对于说话少、说话晚的孩子，父母要观察孩子是否存在听力、智力问题，同时也要观察孩子的沟通意识及情绪问题，为孩子营造良好的家庭氛围，尽量避免因为教养不当造成孩子言语发展迟缓。

1~5个月	6~9个月	10~11个月	12个月	13~15个月	16~18个月
会发出"咕咕"的回应	有答应性微笑，能发"咿""哑""呜"等单个元音	模仿发音"ma""ba""ai"等无意义的音节	会发有意识性的"mama""dada"等重叠词	会用手势表达需要，会说4~7个常见词，20%的语言能被陌生人理解	拥有10个词汇量，模仿性语言较多，常见的词汇了解较多，20%~25%的语言被陌生人理解

19~21个月	22~24个月	2~3岁	3~4岁	4~5岁
拥有至少20个词汇量，50%的语言能被陌生人理解	词汇量大于50个，会说两个字的短语	词汇量大于400个，会说有主语和谓语的句子	懂得"里面""上面""旁边"等介词的意义，懂得提问、设计对话	会用一切词类，说出生日，咬音90%正确，会从1~10清点

空调！空调！空调！——孩子的特殊学习过程

我家孩子快两岁了，最近天气热，我们开空调的时候教他认识了空调，在楼下玩的时候会有空调室外机往外吹热风，我们告诉他这是空调，结果孩子走在路上，看见空调室外机就指着说"空调"。

开始的时候我还非常高兴，耐心地跟他说："对，宝贝，你真聪明，这是空调。"邻居听到了也都夸他聪明。可是他每次看到都指着说："空调！"这样"空调、空调"都快两个月了，烦死我了，我现在一听到他说空调就闹心，有时候烦了会说他："知道了，知道了，你都说了很多次了！"有时候我就装听不见不理他，我家孩子这样不是有什么毛病吧？

婴幼儿普遍具备"喜欢重复"的特质，这并非孩子故意难为父母，也不是孩子固执或者一根筋，这其实是有原因的。

从最单纯的角度来说，孩子的"重复"是在帮助他自己用自己喜欢的速度进行吸收和学习。因为孩子的年龄小，对大人教的有些内容，理解和接受的能力不足，孩子就会通过重复来进行反复不断的吸收和学习。有的妈妈给孩子做成长记录，那就会明显发现，孩子的这些重复行为，会在持续一段时间后的某一天，带来学习上的飞跃。

这种情况在亲子共读的时候会频繁发生。孩子会在一段时间内让父母反复只读一本绘本，父母会因为毫无新意而觉得烦躁，但是事实上对孩子来说，在重复共读的环境中，父母所提供的如同盖房子所使用的框架，而孩子正是顺着这些框架，不断地以自己的速度添砖加瓦，并在发展成熟之际展现出来。所以很多父母会惊喜地发现，经过一段时间的重复共读，孩子忽然就会背整段的儿歌了。

往往产生一个飞跃之后，之前的重复行为就会停止。也就是说当孩子能够掌握一种能力或者知识，就不再重复了。也或者是这个东西他已经探索到了，不再好奇了，所以就不再重复了。当然，很大的可能性是他又重复另外一件事情了。

案例中的孩子在学会了"空调"之后反复去说，一个原因可能就是对空调的好奇，驱使他一遍一遍去探索空调这个东西，毕竟为什么空调在家里吹冷风而在外面吹热风，恐怕对一个孩子来说是值得思索很久的事情。

除了重复学习之外，还可能有其他的用意，这些是需要我们父母用心去观察才能得到答案的。

比如，孩子有可能用"空调"这一个词来表达一整句话，这句话有可能是"现在很热，我想要空调"，也可能是"空调能吹凉风，我喜欢空调"，还可能是曾经妈妈提醒过他"这里有空调室外机，这里热，绕开走"，对于语言表达能力有限的孩子来说，一个词可能代表很多很多无法表达出来的意思，超乎我们的想象。

另外，如果孩子在最初认出空调之后，妈妈也赞美，邻居也夸奖，令孩子感觉很好，且超过了在其他事情上得到的感受，那么孩子可能会一遍一遍说"空调"，希望赢得这种感受并享受它。而当妈妈开始表现烦躁之后，孩子的内心渴望得不到满足，也可能一遍一遍去试探妈妈是否关注我，是否爱我，以赢得父母的关注。

如果这段时间妈妈又疏于关注孩子，陪伴质量不够，孩子还有可能把说"空调"当作一种游戏，那就是——每当我说"空调"的时候，我的妈妈都会出现那样的表情，我觉得很好玩儿，我能通过"空调"两个字控制妈妈的表情，并且屡试不爽。

我们不要小看这么一个小小的孩子，任何一个字、一个词从他们口中说出来，都可能会有我们想不到的原因，我们做父母的只有用心观察孩子的表情、姿态，感受孩子的情绪变化，才能够真正明白孩子的心思。

妈妈总"逃跑"，孩子更黏人——孩子的心理安全感

我家孩子快 3 岁了，还天天黏着我。我要出门办事，她就抱着我的大腿不让走，我只能趁她睡觉，或者玩得入迷的时候偷偷走。要是被她发现了，她就大哭大闹。我就特别烦，会冲她喊："你别跟着我，你要是总跟着妈妈，就不是一个听话的孩子。"可是怎么说都不行，每次出门都跟生离死别一样，哭得我又心疼又心烦。

每个父母都有过被孩子"黏"的经历，心情好、时间又充裕的时候，被孩子黏是一种幸福的感觉。但是当心情不好或者时间不允许、分身乏术

的时候，就会心生烦躁。为什么越是不想让孩子黏的时候，孩子就会越黏，这究竟是为什么呢？

首先，别把孩子黏人看成缺点，1~2 岁的孩子出现黏人现象是非常正常的，因为他们正处于大脑发育的关键期，发育过程主要发生在处理负面情绪的大脑区域，所以这个年龄段的孩子经常会流露出不快乐的情绪。事实上，孩子自己也正努力应付这些强烈而又复杂的感觉，所以，他比任何时候都更加需要父母，对父母的依恋更加强烈。所以 1~2 岁的孩子黏人的表现最明显。他们把爸爸妈妈看作一个"安全的港湾"，只要稍稍觉得不安，就想跑回妈妈身边，寻找安全感。适度地允许孩子黏着父母，不仅可以满足孩子的安全感需要，还可以让孩子觉得愉悦，有助于培养孩子对他人的信任，有助于孩子将来更乐于接纳他人，与他人沟通和相处。

孩子的安全感建立得好，在过了两岁之后，通常就会变得不那么黏人了，和妈妈在一起的时候，能安心地玩玩具，并不总是依偎在妈妈身边，即便妈妈短时间离开也能够独自玩耍，并不急于寻找，可以耐心等待。当妈妈回来的时候，会喜悦地与妈妈接触，很容易满足，这些表现说明孩子和妈妈的依恋关系稳定了。

但是有些孩子在正常需要黏妈妈的时候没有被满足，就可能导致在两岁以后，无法形成稳定的亲子依恋关系，表现得越来越黏人，甚至步步紧逼。这造成了父母的困扰，父母越是烦躁，孩子就越是恐慌，就越黏得紧，形成恶性循环。

案例中的妈妈因为孩子的屡次纠缠而不胜其烦，为了避免孩子哭闹甚至趁孩子睡觉或不注意"偷偷走掉"，被发现了会斥责孩子"你别跟着我，你要是总跟着妈妈，就不是一个听话的孩子"。这些方式会严重损害孩子的安全感，会令孩子更加担心、害怕，感觉妈妈离开就仿佛世界末日一样，甚至妈妈在身边的时候也要黏着，因为孩子认为"一睡觉妈妈就可能离开，我自己好好玩妈妈也可能离开，所以我要每时每刻盯住妈妈，不能让妈妈走"。这种状态一旦形成，不仅是大人，孩子其实更受困扰。

通常"黏人宝宝"的形成有两种最大的可能：一种是父母过于黏孩子，造成了孩子的过度依赖；另一种是父母对孩子关注不够，没能满足孩子对父母的依恋需要，内心处于渴望状态和害怕失去的状态。两种可能其实造成的都是安全感不足，因此表现出来的都是黏人。

给妈妈们的建议：

妈妈每次离开的时候，要轻松愉悦、面带微笑，让孩子意识到，两个人的分开是一件很自然的事情，并且是暂时的分开。

如果条件允许，尽量不要只是妈妈一个人带孩子。爸爸多参与，让孩子不止黏一个人，有助于孩子安全分离。

妈妈要充分利用和孩子在一起的时间，多关注孩子，保持足够的交流，一起玩耍、讲故事，要全心全意地陪伴孩子，这样孩子能产生满足感，明白妈妈是愿意和自己在一起的，内心就会安定。

孩子的认知是从经验中来的，如果孩子一哭闹妈妈就不忍心离开了，那么孩子就会在妈妈每次离开的时候使用"哭闹"这个法宝。并且妈妈犹豫的时间越长，表现得越焦虑，孩子就会越觉得有机会让妈妈留下来。妈妈应该尽量提前告知孩子自己的行程，轻松表达"一会儿见""我下班就回来"这一类的信息，别拖泥带水。

妈妈能给予孩子很多，但最重要的就是爱，妈妈一定要在精神上和孩子相通，满足孩子情感上的需要，这样孩子在成长的路上内心是富足的，就会充满阳光和希望。

孩子一不顺心就打人怎么办——教会孩子正确表达需求

我有个快两岁半的儿子，如果大人说的话不顺他意，他就会打人，该怎么办？

两岁半的孩子自我意识逐渐增强，也就说，他凡事都想要按照自己的意愿来。在这个阶段会发生非常多因大人的意愿和孩子的意愿不一致而导致的冲突。你觉得是孩子不听话，孩子认为是他想做的事情你不允许！

那孩子做出打人这样的行为，首先排除是对父母的模仿，其次更多的是出于本能。

先来自检一下，您的家庭当中，成年人之间、成年人跟孩子之间，是否有类似行为？比如，不高兴了就动手，或者对孩子发脾气会用打的方式。如果成年人有这种行为的话，请尽快停止，因为模仿是孩子的一种主要学习方式。如果家长有类似行为，孩子做出打人的行为就一点儿也不奇怪了，模仿的力量是非常大的。我见过一个男孩，每次当意识到自己做得不对的时候，自己会打自己的手，问他为什么，他说他每次做错事的时候，他妈妈会打他的手。孩子会从大人身上学习各种处理方式，父母用打的方式，孩子必然会学。

孩子只有两岁半，如果排除模仿这个原因，那么大部分应该还是属于本能。因为他毕竟是个孩子，当他面对比他强大的成年人时，他会觉得自己有一种无力感，认为自己弱小所以需要强烈反抗。

当想做的事情被限制的时候，任何人都会采取更新的、更加激烈的行为来反抗。比如，我想说服你，但是我说不过你，我就用手打你；但是如果我的手被你抓住了，我可能会用脚踢；如果我连脚都踢不到你，那我可能会用牙咬……就是当一种行为被限制的时候，会激发他更激烈的行为。

对孩子来说，他是什么被限制了呢？就是"我想去做一件事情，而你不让我做，我的语言表达又没有你强，我说又说不明白，说不过你，我无法用语言坚持我的主张，这个时候我就会选择最直接、最本能的方式——打"。

这一点如果父母能理解的话，那就能够更好地谅解孩子，在这个年龄段打人的这个行为并没有那么严重！但是我们不希望孩子一不高兴就打人，我们需要帮助孩子学会更多的表达方式。之前对孩子来说，我想这么做你不满足我，我只知道用打人这唯一一种方式，我们要帮孩子重新发现，除了打人还有其他更好的办法，那么孩子就不再只用打人的方式。

这就需要我们做父母的，在孩子出现打人这个情况的时候，不要只是盯着这个问题不放，一味地责备孩子，而是要看到孩子的需求并且教会孩子表达。

正确的做法是：当我们看到孩子打人的时候，首先要温柔地握着孩子手（但不是强制握着）。然后接纳孩子的情绪并询问原因："妈妈看到你非常生气，是为什么呢？"或者"你这样生气地打妈妈，是因为什么事情呢？"给孩子一个时间和空间，让孩子感受到你重视他刚才的需求，允许孩子慢慢说，别着急。确定原因后接纳和认可孩子的感受："妈妈理解你刚才非常着急，你现在希望妈妈做点儿什么帮你呢？"

当孩子被理解后，情绪会平复下来，这时候再告诉孩子："你刚才生气的时候那样打妈妈，妈妈很疼，妈妈希望下次再遇到这样的事情，你可以用其他方式告诉妈妈。"并且这个时候不只是"用嘴说"，还要示范动作，孩子对动作模仿的速度比理解语言快很多。比如，下次生气的时候，你可以使劲跺脚，妈妈就会明白啦。家长一边说，一边模仿跺脚的动作给孩子看，通过反复共情，反复示范新动作，孩子会逐渐改善打人的行为。

第二节 学龄前期（3～6岁）

爸爸，你不能自己穿拖鞋——孩子的秩序敏感期

我家女儿3岁，爸爸回家的时候她总是帮忙拿拖鞋，可是昨天爸爸进门的时候她没听见，爸爸也没叫她，就直接自己换了拖鞋准备进屋。孩子跑出来看见爸爸已经换完拖鞋了，就大哭大闹起来，非要爸爸把鞋换回去，还要把爸爸推出门，让爸爸重新进来，怎么劝都不行，你说这孩子怎么这么犟呢？

在大人的世界里，很多事情在不同的情况下是可以变通的。比如，爸爸回来的时候孩子给爸爸拿拖鞋，爸爸会感觉很高兴，但是孩子不在旁边时，自己穿拖鞋也是非常自然的事情。可是这么一个理所当然的事情，在

孩子看来怎么就死活都行不通了呢？于是父母觉得孩子犟、无理取闹，甚至不可理喻。其实，越是弄不明白孩子怎么回事，我们越应该提醒自己别着急，可能这就是对孩子加深了解的机会。

"秩序敏感期"，这个词很多父母都不知道。秩序敏感期是孩子对"秩序"极端敏感的一个非常重要和神秘的时期。在这一时期，孩子对事物的秩序有强烈的需求，并逐步获得和发展起对"物体摆放的空间""生活起居习惯的时间顺序"的适应性，这就是孩子最初形成的秩序感。正是这个秩序感帮助孩子理解外部世界存在的规律和关系，并与之建立感知。秩序感还会影响孩子的安全感、归属感、时空感和格局感，以及规则意识。

3岁的孩子，刚好处于一个强烈追求秩序化的阶段，对物品摆放的位置、动作发生的顺序、人物的呈现、物品的所有权等，有着近乎苛刻的要求。在这个阶段，孩子的想法特别"单线程"，认为某件事情的顺序是这样的，就不能有任何细微改变，如果不依照这个顺序进行，就必须要重新来过。遭到拒绝，孩子会非常焦虑，甚至出现大哭大闹等激烈反应，正是因为这个阶段孩子往往难以变通，所以秩序敏感期也被称为"执拗敏感期"。

说到这里就不难理解案例中的孩子为什么坚持让爸爸把拖鞋换回去，还要推爸爸出门，让爸爸重新进来一次了吧？因为孩子认定爸爸回家这个事情的顺序当中有一步必须是她给爸爸拿拖鞋，改变了这个顺序孩子就会非常难受。所以，这绝对不是孩子"犟"，更不是孩子无理取闹。

秩序敏感期对孩子成长非常重要，当孩子得到秩序满足的时候，就会产生一种自然的快乐，这种快乐意味着孩子能够对他所处环境中的所有细节进行支配和掌控，所以孩子非常热爱秩序。随着孩子的成长，3~4岁的孩子对秩序的敏感上升到对规则的要求：无论在什么地方，我遵守规则，你也必须遵守规则，人人都要遵守规则。比如，妈妈或老师说要爱护花草不能踩，孩子自己不去踩，看到别人踩就会非常生气。这些秩序感和规则意识，是道德发展的基础，因为道德就是人与人、人与事物之间所建立的各种规则。正是在秩序敏感期，孩子开始接受生活各方面的基本行为准则和道德法则，预示着道德的萌芽。同时，秩序感还帮助孩子进行初步的思考和逻辑因果的推演，在日后的运算学习阶段使孩子顺利地形成对比、分类、序列等具体的思维形式，促进孩子的智力发展。

给父母的建议：

正确认识秩序敏感期，面对孩子在这一时期出现的种种看似不可理喻的行为，家长要试着多去了解孩子行为背后的原因，接纳孩子的情绪并尽可能满足他们在秩序敏感期的有序愿望。当实在不能满足孩子的时候，家长也要先理解孩子，然后通过拥抱、寻找替代目标转移注意力等灵活变通的方法平息孩子的情绪，切忌蛮横镇压。因为孩子的秩序感需要小心呵护，父母如果缺乏耐心和细心，不小心就可能会把孩子的秩序感打压下去。当孩子失去秩序感，将来的生活和学习都可能让您抓狂。

秩序敏感性是大自然赋予孩子的一种神奇的能力，孩子很容易感知周围的变化，如果家庭环境非常混乱，孩子感觉顺序、生活习惯以及物品摆放等秩序都很混乱时，会焦躁，缺乏安全感，从而乱发脾气，不利于以后建立规则意识。因此，作为父母，应该尽可能给孩子一个有序的生活环境，保持家庭稳定、生活规律，让孩子产生自然的快乐，并形成良好的规则意识。

孩子的记忆力究竟好不好——脑科学

我家孩子3岁，每次放学我问他在幼儿园吃了什么，他总是说不知道，有时候还瞎说，明明是昨天吃的，他却说是今天吃的，我这孩子是不是记忆力有问题啊？

孩子离开妈妈一整天，每个妈妈都迫切想要知道孩子在幼儿园过得好不好，吃得好吗，睡得好吗，喝水了没有，玩得开心不开心……于是，幼儿园门口等待得望眼欲穿的妈妈们，一接到孩子就会连珠炮似的把心里的各种疑问一股脑压给孩子，恨不得孩子把一整天的细枝末节都能说个清楚。然而刚上幼儿园小班的孩子，常常一问三不知，或者回答得驴唇不对马嘴，很难满足妈妈那颗急迫的心。那为什么孩子说不上来呢？

首先，3岁多的孩子，大脑皮层的额叶发育还不成熟，这就表示孩子的语言表达能力还不足，额叶的发育会一直持续到学龄期的初期，因此我们经常会发现，一年级的孩子有时候也无法完全说清楚在学校发生的事情，更何况幼儿园的孩子呢？

其次，3岁多孩子的记忆以形象记忆为主，语言记忆、抽象记忆都是比较弱的。如果你问他今天吃的水果长什么样子、是什么颜色的，可能孩子更容易回答，但是对于今天吃的那个菜叫什么名字可能真的不记得。这个年龄的孩子的记忆以无意记忆为主，有意记忆一般要到中班、大班才开始发展，到小学阶段，有意记忆才会逐渐超过无意记忆。也就是说孩子并不会特意有明确目的地去记住今天吃了什么，只是偶然在生活中自然而然会记住，但是由于孩子的记忆容量有限，即便记住了，忘得也特别快。

再次，3岁多的孩子没有什么记忆策略，我们大人常常为了记住某个事情会在心里默念、重复记忆，或者用时间作为线索进行前后逻辑记忆，但是孩子不具备这些记忆策略，孩子要到5岁左右才开始使用记忆策略，所以3岁的孩子把昨天吃的说成今天吃的绝对不是瞎说，只是他自己也分不清到底哪天吃的，只是偶然记住了那个食物罢了。

最后，有时候孩子说不知道还有可能是不想说，因为妈妈每天都问同样的问题，回答了这个问题又会有新的问题跟上，答都答不完，孩子自己想说的都没机会说，所以孩子可能会说不知道，所以爸爸妈妈们也要注意如何提问孩子才会乐于回答。除了提问之外，还有非常重要的沟通，那就是倾听！做好倾听，可能很多问题都不需要问了，孩子会把他愿意告诉你的，毫无顺序和逻辑地零零散散地说给你听。通过倾听调动孩子表达欲望比反复追问能知道得更多。

孩子怎么这么"自私"呢——分享意识发展

我家孩子4岁了，有小朋友来家里玩，他就护着自己的玩具不让别人拿，他怎么这么自私呢？

分享，是一种亲社会行为的表现，作为父母都希望自己的孩子学会分享，因为懂得分享的人，将来人际关系好，有人缘，但是对于孩子来说，分享意识在 2~4 岁只是萌芽阶段，5~6 岁才能具备初步的分享意识。这个时候的分享意识，其实还不完全是我们成年人所理解的分享意识——我们理解的分享是我拥有的，我愿意分享给你，你快乐，我自己也快乐——孩子的分享更多是带有交换目的的，比如我分享给你糖，你跟我玩儿，或者我把这个玩具给你，你把你的玩具给我。

通常孩子愿意跟比他弱小的人分享，比如分给小女孩，或者分给弟弟妹妹，但是如果对方强势，或者孩子觉得被强迫，就会处于自我防御状态，拒绝分享。分享要建立在能够理解他人需要、感受他人感受，同时延迟满足甚至牺牲自己的需要的基础上，所以对于 5 岁以下的孩子来说这是一个比较难的举动。因此，作为父母，我们尽量不要苛责孩子必须分享，这对孩子来说是比较难的。

另外，有些孩子愿意把自己的东西分享给别人，但是他们却不知道怎么分享才好：可以给谁，不应该给谁，给了不还怎么办……所以会有很多的顾虑，再加上不善沟通，都可能导致孩子不主动分享。所以父母应多创造一些交往机会，并给孩子一些分享策略的建议，比如一个玩具可以轮流玩儿，帮助孩子顺利实现分享，同时当孩子有自发分享行为的时候，及时肯定和赞美孩子，加强孩子的分享意识。

孩子"撒谎"，原因知多少——解决孩子"撒谎"问题的方法

我家孩子5岁，竟然学会了撒谎，吃早饭前我问他刷牙了吗，他跟我说刷了，可我发现牙刷都是干的，明明没刷！还有一次从幼儿园回来，竟然瞎编说今天他在幼儿园见到一只狗，长得像狮子一样大，还吹牛说自己把那只狗给打败了。我该怎么改正孩子撒谎的问题呢？

父母面对孩子"撒谎"，都会如临大敌，认为"撒谎"是道德品质问题，必须坚决杜绝。但是对于 3~6 岁的孩子来说，"撒谎"其实是一个普遍现象，每个孩子都会度过一个"撒谎"的阶段，因为这是孩子"心理成长"的表现。

孩子"撒谎"并不意味着将来就会成为骗子，孩子学会了"撒谎"，反倒说明孩子的社会能力在提升。为什么会这么说呢？首先孩子学会编造一个"谎言"的时候，就意味着孩子能够站在他人的角度考虑问题了，并

且对自己的行为有了一定的认知。他明白自己行为的对错，也能够预料他这样说爸爸妈妈会有什么反应，也就是说孩子会"撒谎"，是以对自己和他人的相应行为做出预测和解释为基础的。

有些"撒谎"并非有意识的欺骗，比如，孩子说那只狗像狮子一样大，这往往跟孩子的想象力有很强的夸张性有关。孩子有时候会把自己的想象与现实混为一谈，这种"想象型撒谎"，父母无须过度紧张。

有些"撒谎"是因为虚荣，比如，孩子说他打败了那只像狮子一样大的狗，一方面基于想象，另一方面想要在小伙伴面前炫耀自己的能力，以赢得小伙伴的崇拜，这也是幼儿同伴交往中常常出现的一些现象。再比如，有的小朋友明明没有遥控飞机，却会对小伙伴说自己买了遥控飞机，这种"虚荣型"的"撒谎"不仅表达了孩子渴望被小伙伴认同的心情，也表达出他对遥控飞机的渴望。面对这种"虚荣型撒谎"，父母应该有意识地提升孩子的"自我认知"和"自尊自信"，帮助孩子在同伴关系中建立健康的交往方式。

更多的"撒谎"行为来自于"想做个好孩子"，特别是当孩子已经意识到自己做得不对，可能会引发父母的批评、指责的时候，为防止出现对自己不利的事情发生，选择"撒谎"，这种叫作"自卫型撒谎"。就像案例当中，妈妈问孩子刷牙没有，孩子之前得到的经验可能是——"如果我说没刷，那么妈妈会一遍一遍地催我去刷牙；如果我说没刷，我妈妈可能会训我、斥责我；如果我说没刷，我妈妈可能不让我吃饭……当我说我刷了，就能顺利过关……"总之，之前的经验可能是让孩子不舒服的，孩子已经反复试验过了，那么当再一次出现同样的场景时，孩子为了避免这些可能的不舒服的结果，选择了"自卫型撒谎"。

当孩子出现"自卫型撒谎"时，就是给我们做父母的一个提醒：我们对孩子的惩罚或要求，可能太过严苛了，给孩子造成了压力，我们需要调整对待孩子的方式了。同时也在提醒我们，要帮助孩子进行认知重建，不能让孩子形成"撒谎"可以逃避责任的认知。当孩子和我们意见不一致或者出现错误的时候，我们应该多尊重、多宽容、多帮助孩子，让孩子能够认识到他可以表达自己的想法，即便犯了错误也不可怕，爸爸妈妈会接纳。但是逃避和推卸责任，比犯错误更严重。我们要引导孩子勇敢表达自己、勇于承担责任。

第三节　学龄期（6～12岁）

走神，是美好的时光——脑科学

四年级的女儿放学跟妈妈说："今天上数学课的时候，我们班的窗台上来了一只小鸟，它就这样蹦啊蹦啊的，后来……"孩子一边说一边学着小鸟的动作，一脸小兴奋。

妈妈："你上课不认真听讲，去看小鸟干什么？"

女儿："又不是我一个人看小鸟，我们班好几个同学都在看小鸟，数学老师忽然大声说话，我们都吓了一跳，小鸟也吓跑了。"

妈妈："就该管管你们，上课要注意听讲，别东张西望的。"

女儿："知道了知道了，下次不跟你说了。"

孩子上了小学，父母们开始越来越重视孩子的学习，尤其关注孩子上课听讲的情绪、考试成绩等。很多父母都说孩子回家不跟父母谈学校的事情，内心非常着急，可是有很多时候就是因为我们给孩子的不愉快回应，造成了孩子不愿再跟我们说。

案例中的女儿原本非常兴奋地想要告诉妈妈今天上课时发生了有趣的事情，但是妈妈没听完就敏感地发现孩子上课走神了，立刻打断孩子并责备孩子不认真听讲。妈妈并没有关注孩子的兴奋和喜悦，而更多在意的是孩子注意力不集中这一错误，造成孩子不愿再继续说下去。

然而说到注意力，对于小学生来说，集中和控制注意力的能力是比较弱的，这是受大脑发育所限。心理学实验表明，6～10岁的孩子可以连续集中注意力20分钟左右，10～12岁一般也就达到25分钟左右，所以要求孩子一节课的时间完全集中注意力，基本上是违背孩子生长规律的。通常小学低龄的孩子是以"无意注意"为主，容易被新奇、有趣、显眼的事物所吸引，容易受环境干扰，所以案例中的女儿被小鸟吸引了注意力是非常正常的。

随着孩子的成长，10岁左右孩子的"有意注意"慢慢超过"无意注意"，孩子的注意力控制能力才能发挥作用，帮助孩子主动注意到想要注意的事情上面。但是，当出现一些突发事件的时候，"无意注意"还是会导致孩子转移注意力，比如，上课时出现一些响动，孩子就会被响动所吸引。不过"无意注意"并不是没有作用，这种一时的注意力转移，其实有助于人在长时间集中注意力的时候，休息一下大脑。所以对于孩子来说，课堂气氛活跃，老师偶然讲一些笑话，是有助于孩子休息大脑的。

如果父母能够了解"注意力"方面的知识，那么案例中的妈妈就不会那么急于打断孩子，也不用急于责备孩子没有认真听讲了。妈妈的目的是希望孩子能够做到认真听讲，所以指出孩子犯的错误，但是这种方式会造成孩子的抵触情绪，不仅不利于孩子改进，还造成孩子为了避免被责备而选择闭口不谈学校生活。那么，如果妈妈能够坦然面对孩子的上课走神，巧妙提醒孩子认识到自身的问题，就会有不同的情况了，我们看看如果妈妈这样说会怎么样。

四年级的女儿放学跟妈妈说："今天上数学课的时候，我们班的窗台上来了一只小鸟，它就这样蹦啊蹦啊的。"孩子一边说一边学着小鸟的动作，一脸小兴奋。

妈妈："小鸟也来听课吗？当时讲的什么，小鸟能听懂吗？"

女儿："哦，妈妈，我只顾着看小鸟了，没注意讲的什么……我走神了。"

妈妈："没关系，你发现了自己走神，这已经非常好了，那后来小鸟怎么样了？"

女儿："后来小鸟被数学老师的咆哮声给吓跑了，因为我们好几个同学都在看小鸟，数学老师忽然大声说话，我们都吓了一跳，小鸟也吓跑了。"

妈妈："看来小鸟也知道自己做错了，它打扰了你们上课。"

如果妈妈能这样和女儿沟通，孩子既能认识到自己的不足，还能不破坏母女感情，不会造成孩子的沟通抵触。

延长孩子的"有意注意"不应该责备孩子没做好，而应该不断鼓励和肯定孩子的进步，并且要激发孩子的学习兴趣。只有孩子自己对在课堂上学知识这件事情产生主观内动力，他才会通过自我控制不断延长注意力集中的时间。

🔍 **知识点：有意注意 vs 无意注意**

我正在专心看书，电视里传来喜欢的节目的开场曲，我的注意力就不由自主地转向电视，这是"无意注意"。它是一种自然而然发生的、不需作任何意志上的努力的注意。

如果当时我想到必须坚持学习，经过一定的努力，仍旧把注意力集中到书上，这就是"有意注意"。它是一种有自觉的目的、需要做一定意志上的努力的注意。

"课堂捣乱生"的小秘密——心理发展

一年级开始，石头经常因为在课堂上坐不住而被老师叫家长。每次叫家长，父母都会打石头一顿，让他长记性。如今石头已经三年级了，不仅没有改善还越来越严重了，于是老师把石头安排在班级最后面的单独座位上，并让同学们都不跟他这个"课堂捣乱生"一起玩儿，然而这个方式并没起到作用：

语文课上大家一起读课文，石头就拉长音；

数学课上，老师转身写板书，石头就离开座位对旁边的同学做鬼脸；

音乐课上，石头把歌词改成同学的名字，引得全班哄堂大笑；

课间的时候，石头把小刚的水壶藏到小丽的课桌里，然后去跟小刚说："你的水壶被我藏起来了。"引得小刚追着石头索要水壶；

老师和家长都拿石头没办法……

每个孩子在进入一个新的环境、新的集体的时候，都渴望被这个集体所认可、所接纳，希望找到自己在这个集体当中的位置，也就是归属感。最初的时候，每个孩子都希望自己是班级里面表现最好的那个，但是经过一段时间的磨合，有的孩子认识到"我是班里的优等生，老师喜欢我""我是班里英语学得最好的""我是男生里面跑得最快的""我是女生里面最漂亮的""我是最遵守纪律的"……当然还有些孩子发现"我个子小总被欺负""数学老师不喜欢我，我讨厌数学""我是班里的落后生，我不配跟学习好的一起玩儿"……这些自我定位的形成，会直接影响孩子在这个集体当中的同伴关系以及师生关系。

案例中的石头因为自控力和规则意识不足，不断被老师叫家长，不断被家长打骂，于是石头发现"老师不喜欢我，爸爸妈妈也不喜欢我，我是班里最不招人喜欢的"。特别是石头被老师单独安排在最后面且老师宣布不准同学们和他玩的时候，他更会极其渴望被接纳，被"看见"。

每个人都是渴望被爱、被认可、被关注的，渴望得到"正向安抚"，孩子也不例外。但是当怎么努力都无法被肯定、被赞美的时候，有些孩子就会转而去寻求"负向安抚"，至少这样不至于被集体所忽略、所轻视。

于是石头就出现了那一系列的"课堂捣乱"现象，这些现象的背后，都是石头在渴望被关注、被重视：拉长音是为了引起别人关注，做鬼脸是为了"让你看我"，乱唱歌词是为了"大家都因为我笑"，藏水壶更是为了"我想跟你玩儿"……一个得不到正向安抚的孩子，就会故意做出一些捣乱的行为，好让别人"看见"，即便看见后是指责、批评、打骂，也比没有人看见要好。

一个寻求"负向安抚"的孩子，内心是极度匮乏的，非常渴望关爱和肯定。如果父母和老师能够明白这一点，那么帮助一个"课堂捣乱生"其实是件非常容易的事情，只需要给一点点"正向安抚"，孩子的内心就会融化，只要拿出给那些优等生十分之一的关注，"课堂捣乱生"就会被激发，从而会为了老师和父母的理解与认可拼命去努力。

关爱一个孩子，不要只是关注他的学习和表现，更要关注孩子内心的情感需要。及时满足孩子对"正向安抚"的渴望，就会激发孩子越来越好的"小宇宙"，会让一个"课堂捣乱生"改头换面。

🔍 **知识点：正向安抚 vs 负向安抚**

正向安抚：爱、鼓励、表扬、赞美、肯定、支持、理解、关注等一切让孩子感觉好的。

负向安抚：打骂、指责、批评、恨等一切让孩子感觉糟糕的。

没有安抚：无视、忽视、漠视。

正向安抚不足的时候，孩子会寻求负向安抚，会通过不良行为引发他人的负向安抚，因为负向安抚也总比被漠视要好很多。

无条件安抚：无条件的爱。

有条件安抚：有条件的爱，比如，契约式奖赏——你做到了什么什么我才奖励你。

友谊不是用金钱衡量的——同伴关系

9 岁的小美上三年级了，学校要求使用钢笔，妈妈为了让小美写一笔好字，买了很贵的钢笔送给小美。这一天……

小美对妈妈说："妈妈，你能帮我一下吗，钢笔漏水了，弄脏了桌子，我擦不干净。"

妈妈说："钢笔怎么漏水了呢？咦？这支钢笔是谁的？我给你买的钢笔呢？"

小美说："妈妈，你看，这支钢笔上面的钻石挂坠多漂亮啊！这是我跟青青好不容易换来的。"

妈妈说："你这孩子，妈妈给你买的笔是很贵的，怎么能跟这么便宜的笔换呢？"

小美说："可是我更喜欢这一支，钻石吊坠真的很好看啊！"

妈妈说："不行，明天你必须给我换回来！"

小美说："可是我已经跟青青说好了……"

妈妈说："我不管你用什么办法，明天必须跟你同学换回来！"

第二天放学，小美嘟着嘴，把妈妈买给她的笔塞到妈妈手里，说："给，这支笔我不要了！"

进入小学阶段，孩子与同伴玩耍的时间逐渐增加，同伴的地位越来越重要。父母会发现，孩子经常提到朋友的名字。特别是女孩，她们往往有一两个固定的好朋友，但是这一两个好朋友之间，却是今天亲密无间，明天就可能闹着绝交，后天又恨不得把自己最喜欢的礼物送给她。女孩之间喜欢彼此分享小秘密、赠送礼物、交换文具或玩具，她们通过这种"分享"和"交换"不断加深彼此的友谊。

案例中的小美用自己的钢笔跟同学交换了，这本身在女孩之间是很普通的事情，但是由于妈妈比较在意那支钢笔的价格，跟女儿发生了冲突。然而对于小学低龄的孩子来说，如果不是特意去培养孩子对金钱的价格意识，孩子通常是不在乎多少钱的，她们更在乎哪一支笔更漂亮、更好看，而不以价格昂贵还是便宜来判断一个物品的价值。所以孩子有孩子的评判标准，而作为成年人的妈妈，更多是用价格来评判的，觉得女儿用贵的换了便宜的，吃亏了。而且妈妈送给孩子很贵的钢笔时，还带有更深层的期待，所以这个交换不仅"价格不对等"，而且还辜负了妈妈的一片心意，因此妈妈会要求孩子必须换回来，但是这样做忽略了孩子的感受。

孩子们的同伴交往通常都是抱着单纯的目的的，能一起玩儿就是好朋友。小美和同学在一起玩儿的过程中互换钢笔，这属于孩子之间的一个约定，如果按照妈妈要求换回来，小美就会失信于同学，也会让小美很没面子，因此妈妈这个换回钢笔的要求，会破坏小美的友谊，造成小美在同伴交往上面的挫折。同时妈妈对孩子的意愿和决定没有任何尊重，要求孩子必须按照自己的要求去做，这让孩子很受伤，虽然贵的钢笔换回来了，但是对小美来说，这支钢笔毫无价值了。

作为父母，我们要了解同伴交往对孩子的重大意义，这是孩子社会交往经验的学习基础，是亲子关系、师生关系无法替代的。因此，父母要鼓励孩子多与同伴交往，并且尊重孩子在交往过程中的自我意愿，既然孩子答应了同学，那么应该尊重孩子的约定，呵护孩子的友谊。

为避免此类事情出现，父母在购买一些贵重物品之前，可以带孩子一起选购，告知孩子价格，或者也可以嘱咐孩子这个东西不能交换，引起孩子的重视。如果事情已经发生了，又希望孩子通过这件事情能够有所体会，也可以在尊重孩子的前提下，让孩子感受到"她有权决定，父母尊重她的权利"。这之后可以带孩子去购买钢笔的地方，让孩子了解钢笔的价格，也明确表达妈妈对孩子使用这支钢笔的期望，询问孩子是否愿意自己再选一支钢笔，选孩子既觉得好看又好用的钢笔，并且告知孩子父母希望她能好好珍惜。如果孩子自己想要跟同学换回原来的钢笔，父母在尊重其选择的基础上也应提醒孩子可能带来的同学矛盾，启发孩子思考怎么解决会更好。

了解孩子与同伴交往的特点，保护孩子的友谊，尊重孩子的决定，引导孩子健康交友，是父母在处理此类事件的首要任务。

孩子总是拖拖拉拉，妈妈怎么办——时间管理

我家儿子11岁，上五年级了，可是做事总是拖拖拉拉、不紧不慢。写作业要是没人陪着，他就经常开小差，会找各种借口离开书桌，比如上厕

所啊，找这找那啊，或是找个不会的题跑到你面前来问，然后借机会拿个吃的或藏个玩的到手里，反正作业总是做到很晚才能完成。我也跟他制定过时间计划表，刚开始说做到给奖励，坚持了一周多就又打回原形了，不知道怎么才能让孩子抓紧时间自觉写作业。

时间是一个抽象的概念，孩子的思维是从形象思维逐渐过渡到抽象思维的，小学低年级的孩子更多还是以形象思维为主，所以低年级的孩子往往对时间不敏感，容易磨蹭。

有研究者让不同年级的孩子估计"一分钟"的长短，一年级的孩子估计平均为 11.5 秒，三年级的为 24.8 秒，五年级的为 31.1 秒。不难看出，小学的孩子对时间的感知是不准的，而且他们往往低估时间的长度，因此很多孩子无法预估自己写某一项作业需要多少时间，所以不能制定出完善的计划，即便父母协助制定出来，这个年龄段孩子的自我控制能力也不足，无法保证执行。

另外，孩子还认识不到时间的价值，所以不会发自内心珍惜时间，也就无法有意识、合理安排时间。在孩子心里，最不缺的就是时间了。而且孩子容易高估自己的效率，总以为拖到很晚也能很快写完，所以总是不着急。很多父母为了确保孩子能够完成作业，就会全程陪伴，替孩子安排生活和学习的时间，造成孩子缺乏时间管理的锻炼，因此到了高年级依然拖拖拉拉。

父母要理解孩子对时间管理的认知不足，多花一些心思引导孩子去体验时间，积累管理时间的经验。

想要培养孩子的时间管理能力，就要给孩子自行管理时间的机会，所以每天给孩子留出一定的时间，允许孩子自己安排和管理，不要全部都替孩子安排好。

教给孩子一些简单的时间管理方法，比如列出计划、标出重要的事情、做好时间记录、设定闹钟提醒等，供孩子自主选择使用。

　　无论孩子自己管理的效果如何，都可以引导孩子反思：哪些事情安排得合理带来了好处，哪些时间安排得不合理给自己造成了影响，今天比昨天进步的地方在哪里……启发孩子思考如何调整和改进。

　　谨慎使用"契约式奖励"，对小学低年级的孩子，适当的奖励具有激励作用，但是对小学高年级的孩子来说效果不大还有副作用，"契约式奖励"容易把孩子对学习的内部动力变成外部动力，学习的目的被扭曲了，当奖励取消后，学习就没动力了，这不利于孩子的成长。但是在孩子做得好的时候，要及时给予肯定和精神鼓励，这会让孩子感受到自己的能力，并享受成就感。

第四节　青春期（12 ~ 18 岁）

女儿有小秘密了——身体发育

圆圆上六年级了，放学回家后，圆圆低着头、含着胸，跟妈妈说了句"我回来了"，就匆匆忙忙进了自己的房间。

最近圆圆总是这样，妈妈有些担心，不知道是不是女儿在学校有什么不开心的事情，于是蹑手蹑脚走到女儿房门口，通过门缝偷偷往里看，却看到女儿站在穿衣镜前，把自己两侧的衣服拽向身后，已经发育了的胸部开始凸显出来。圆圆左转右转照了半天，看着自己的胸部，一脸的烦躁不安。

原来是因为这个，妈妈一脸笑容推门进了女儿房间，圆圆吓了一跳，赶紧放下手，小脸通红地说："妈，你怎么不敲门啊？"

妈妈笑嘻嘻地说："我进我自己闺女的房间敲什么门啊，我还以为你最近跟同学吵架了呢，整天怪怪的，原来是因为身体发育啊，这是正常的，不用害羞。"

圆圆小脸更红了，生气地说："哎呀，妈妈，你出去出去！"

妈妈说："跟我还有什么不好意思啊！这孩子！"

圆圆把妈妈推了出去，气呼呼又关上了门。

青春期是孩子生理发育的关键时期，除了婴儿期之外，青春期是生长发育最快的时期，也是孩子从儿童成长为成年人的过渡时期。这个时期孩子的骨骼变长加粗、肌肉比例增加、新陈代谢加强、运动能力明显提升，性器官开始发育并逐渐成熟。这一阶段孩子的身体从内到外都发生着明显的变化，这些生理上的变化影响着孩子的心理、学习和社交等诸多方面。

青春期女孩最明显的变化就是乳房发育和月经初潮。如果之前父母没有给孩子做相应的性知识教育，当孩子面对这些变化的时候，很容易产生心理上的压力，比如害羞、自卑等。发育较早的女孩往往会成为同学注视的焦点，这让孩子感到难为情，烦恼不已；发育较晚的女孩也会因为担心自己发育不正常而发愁、不安或者自卑，从而影响学习，影响正常的同学交往。

这个时期的女孩有越来越多的小秘密，跟父母不再无话不说，并且要求父母尊重自己的隐私。案例中的圆圆开始察觉到了自己的身体变化，一个人偷偷躲在房间里照镜子，观察自己的身体，这时候妈妈却"突然闯了进来"，这让女儿感到非常害羞。妈妈撞破了女儿的小秘密，并且采用笑嘻嘻的态度，这让女儿的自尊心很受伤。妈妈觉得"这有什么不好意思的"，而女儿感受到不被尊重，已经快要愤怒了。

当面对孩子青春期的生理变化时，父母可以提前帮助孩子建立"身体发育是长大的标志，是一件值得高兴的事情，更是正常现象"的意识，帮助孩子提前做好心理准备，让孩子能欣然地接受成长变化并为之骄傲。父母要通过对孩子隐私的尊重，让孩子明白她真的长大了，同时要通过和孩子大大方方地交流，让孩子明白这些身体发育不是羞耻的事情，正确引导孩子的心理，帮助孩子更好地度过青春期。

要不要给儿子送伞——青春期独立性主张，我长大了

中午，妈妈和15岁的小智通电话。

妈妈说："小智，天气预报说今天晚上下大雨，我给你送把伞过去吧。"

小智说："不用了，天气预报也不一定准，说不定我下了晚自习，雨也没下。"

妈妈说："天气预报都说了，肯定会下雨。不给你拿把伞，你怎么回来呀？"

小智有点不耐烦："我又不是两三岁的小孩了，我自己会想办法回去！"

电话挂了，妈妈轻叹了一声。

晚上，果然下起倾盆大雨来。妈妈拿着伞在门口徘徊了很久，最终硬下心来没去送伞。

当小智浑身湿漉漉地像个落汤鸡一样刚踏进家门，便笑嘻嘻地冲着妈妈竖起大拇指："妈妈，今天你表现很好，我非常高兴。这是我长这么大以来第一次淋雨，这感觉实在太好了！"

妈妈赶忙拿来毛巾，一边替小智擦拭着头上的雨水一边说："瞧你，下这么大的雨还说风凉话，小心感冒了！"

小智嘿嘿一笑："感冒有什么要紧，只要你不拿我当小孩子，我就很高兴。回来的时候，在雨中奔跑的感觉真的是太畅快了，从来没有这样自由过。"

妈妈轻轻拍了一下小智的额头，故作生气地说："还自由呢，等你烧得躺在床上起不来的时候再说吧。还不快去洗澡！"

小智乐呵呵地走进浴室洗澡。

很多父母认为，青春期意味着叛逆。的确当孩子进入青春期之后，最大的追求就是独立自主，这是孩子自我意识迅速发展的结果，他们意识到自己不再是小宝宝了，开始对这个长大的自己感兴趣，想了解自己，了解自己的现在以及未来。他们开始思考并审视自己，发现自己原先所拥有的思想、观点其实不是自己的，而是父母给的、老师灌输的。于是他们希望拥有自己的思想，开始排斥来自父母和老师的声音，因而产生了逆反心理。

逆反心理虽然是青春期的标签，但是逆反其实是孩子正常的心理阶段。青春期孩子主要目的是为了获得独立和尊重，只是因为这个阶段他的思想还不够成熟，因此才"为了独立""为了和父母不同"而产生很多幼稚的行为，引发亲子之间的矛盾。但是这些行为正是孩子最好的成长体验，他们借由这些体验来不断校准自己的认知。因此在孩子青春期阶段，父母越理解孩子，放手给孩子更多机会去体验，他们越能快速校准，并完善自我。如果父母总是跟孩子的逆反行为对抗，孩子就越会为了争取独立而坚持己见，即便是错误的，也会为了反对父母而坚持错误，反倒形成了偏执的认知，不利于孩子的成长。

"不同于父母""不听从父母"成了孩子追求独立的标准，因此这个阶段父母的苦口婆心通常会被当成耳边风，父母越是劝说，孩子越是走极端——这一类的现象普遍存在于青春期阶段。同时还有一种现象，那就是"同伴雷同"现象，青春期的孩子会紧紧追随流行趋势，因为别人都这样所以我也一定要这样，不为对错只是为了要和"同类"保持一致，这样才能证明"我的成长"。父母越是反对，孩子就越会认为自己成功独立了。

因此，在青春期，"和父母找不同""和同伴找雷同"是独立意识的体现，也是很多父母无法接受、无法理解的典型"逆反"行为。

很多父母已经习惯为孩子操心一切，尤其是妈妈，更是希望能够时刻照顾孩子。但是在青春期孩子的眼里，接受这种"关心和照顾"是耻辱的，这就意味着自己还是个长不大的小宝宝。如果在同学面前接受这种"关心和照顾"，会被嘲笑，会被贴上"妈宝"的标签，这是青春期孩子无法忍受的，因为青春期最大的渴望就是"证明自己长大了"。所以父母的关心变成了违背孩子意愿的事情，孩子很受伤，反过来一心想要为孩子付出的父母也很受伤。

案例中的小智正值青春期，当妈妈想要给孩子送伞的时候，小智拒绝了这种关心，妈妈担心的是孩子淋雨生病，而孩子在意的是"我又不是两三岁的小孩了，我自己会想办法"，小智更希望能够自主选择，即使被淋湿也感觉非常兴奋、非常开心，因为能够独立自主地选择自己的方式，决定自己的行为。这对于青春期的孩子来说意义重大，这会让孩子产生成长的价值感和喜悦感。

小智妈妈是一位智慧的妈妈，在孩子一再拒绝自己去送伞的时候，虽然内心很失落，并且多次犹豫想要去保护孩子，但是最终还是做到了放手，让孩子自己体验和选择，这是妈妈一次令人振奋的心理成长，也是孩子一次宝贵的人生体验，因此当孩子回到家看到妈妈，才会发自内心感谢妈妈的理解和放手。这不仅让孩子感受到自主的喜悦，更令孩子的内心情感和妈妈更为亲密了。

青春期并非一定会逆反，"逆反"这个词本身就是相对的，只是从父母的角度来看才会有逆反。当父母能够理解孩子追求独立意识的需要时，及时调整父母角色，从内心里把孩子当作大人看待，像朋友一样平等尊重地与孩子交流沟通，那么可以大大减少亲子冲突的概率，帮助孩子顺利度过青春期，完善自我同一性。

知识点：自我同一性

这个观点是由美国心理学家埃里克森提出的，指个体尝试把与自己有关的各方面综合起来，形成一个自己决定的、协调一致的、不同于他人的自我，是对"我是谁""我将来的发展方向"以及"我如何适应社会"等问题的主观感受和意识。

自我同一性包含对自我的确认，对有关自我发展的一些重大问题的思考和选择，如理想、职业、价值观、人生观等。自我同一性的建立，意味着对自己有充分的了解，能够把自己的过去、现在和将来组合成一个整体来思考，确立自己的理想与价值观念，并对未来发展做出自己的思考和规划。

青春期是自我同一性完善的关键时期，也是青春期最重要的任务之一。

女儿竟然早恋了——异性交往

妈妈一回家，发现14岁的女儿小丽正在打电话。小丽看到妈妈回来了表情有些不自然，然后匆匆说了两句有关作业的事情就挂掉了。妈妈忽然想起来这样的场景好像有好几次了，是不是女儿经常趁着家里没人的时候打电话呢？于是问女儿。

妈妈："谁呀？"

小丽："同学。"

妈妈："什么事啊？"

小丽："作业的事，你问这么多干吗啊？"然后不耐烦地关起了房门。

看到女儿的反应妈妈更怀疑了，晚上趁着女儿去洗漱的机会，偷偷翻看了女儿的手机，于是看到了如下的聊天对话：

小刚："明天就分班考试了，我现在的成绩考不上小尖班怎么办？"

小丽："那我也不上小尖班了，我明天故意答错题，这样咱俩就还能在一个班。"

……

女儿竟然早恋了！而且还不考小尖班了！这怎么可以！妈妈立刻拿着手机去找女儿。

妈妈："这怎么回事？你给我解释解释！"

小丽一看妈妈拿着自己的手机，脸色变得愤怒起来："你怎么随便看我手机！"

妈妈："不看你手机我怎么知道还有这档子事？你现在胆子越来越大了，这么好的成绩不上小尖班，脑子里整天想些乌七八糟的事情，这男生谁啊，你赶紧跟他断了，不许再联系了！"

小丽："你管不着，这是我自己的事！"

妈妈："你自己的事？我是你妈，耽误你学习的事我就必须管！"

小丽哭了起来，跑回房间把门锁上了，妈妈依然不依不饶地在门口一直数落女儿。

青春期的孩子因为生理的发育，性意识逐渐觉醒，他们开始对异性产生好奇，渴望与异性进行交往，希望得到异性的友谊，这些心理变化都是正常的，而且也是孩子成长过程中必经的一个阶段，这有利于孩子的身心健康和人格发展，也为未来的婚恋生活奠定良好的基础，因此有专家称早恋是孩子的"早练"。

父母不必把早恋看得如狼似虎，更不要围追堵截，而是应该正确认识孩子的异性交往需要，并引导孩子进行健康的异性交往。

家长要明白异性交往对孩子的成长有很多益处，通过与异性交往，孩子将更加清楚自己的性别角色和社会地位，能够加强自我认知，促进其自我同一性的发展。异性的承认和接受能够提高孩子的自信，使孩子在社交中更加友好，更容易适应环境。孩子借助异性交往练习与异性的交往技能，为将来择偶和经营婚姻打下基础。同时因为男女思维方式不同、性格及智力发展不同，异性交往能够帮助孩子获取更多方面的知识和建议，有助于孩子提高学习成绩、增强解决问题的能力等。

虽然健康的异性交往对孩子成长有帮助，但是由于青春期的孩子心理尚不成熟，自控力差，交往技能不足，在交往过程中两个人容易闹矛盾、产生较大的情绪波动，从而影响正常的学习和生活。因此，异性交往一直是青春期孩子的一个敏感话题，很多父母之所以担心孩子早恋，主要还是早恋可能带来的成绩下滑或者偷尝禁果等方面的隐患，特别是女孩的家长，就更加在意。那么如何正确引导孩子认识健康的异性交往尺度，是非常有必要的。

首先，父母应正确理解孩子的异性交往行为，尊重孩子有异性交往的需要，如果能够做到支持孩子与异性的正常交往，那么孩子就愿意把父母当作朋友，愿意和父母探讨异性交往的话题，父母就能够把握孩子在异性交往方面是否有偏差，及时加以引导。多给孩子一些交往上的建议比阻止孩子交往更有帮助，而且一旦在异性交往方面能够跟孩子建立坦诚的沟通，会大大拉近亲子关系。

其次，父母要根据孩子产生早恋的动机进行不同方向的引导。有些孩子是因为"渴望被爱"而去早恋的，父母就需要反思自己给予孩子的爱是否不够，并加强对孩子情感和心理上的关爱；有的孩子是因为"好奇心""虚荣心""从众心理"等才去早恋的，那么父母需要帮助孩子建立正确的交往认知；还有一种孩子，他们是为了"逆反"而去早恋的，对这一类孩子父母切忌强行阻止孩子，否则只会把孩子越推越远，父母应该撤掉与孩子之间的对抗，孩子也就无须"逆反"，从而回到正轨。

很多时候青春期孩子的早恋，其实只是孩子单纯的异性交往，但是如果父母过于紧张、立刻阻止，反倒会引发孩子努力捍卫自己的"爱情"，导致原本只是单纯懵懂的异性交往，演变成了早恋，这类现象在心理学上叫作"罗密欧朱丽叶效应"。案例中的妈妈一抓到孩子的"证据"就立刻开始极力反对，要求小丽断绝和小刚的来往，于是小丽立刻开始反抗。当这样的激烈冲突出现后，会让妈妈失去引导和帮助孩子的机会，并且还会让小丽坚定了不去考小尖班的想法，因此这种阻止只会让事情更加严重。

　　如果妈妈能够先静下心来，耐心跟小丽了解一下情况，引导孩子换位思考，比如，从小刚的角度来看，他如果喜欢小丽，是否希望小丽更优秀呢？是否愿意小丽为了他失去考到小尖班的机会呢？小丽肯定也是愿意帮助小刚的，不在一个班里面是否也能有效激励和帮助小刚呢？如果父母能够这样和孩子进行探讨和分析，孩子会因此变得更加积极努力。青春期早恋是需要父母付出更多的理解和沟通引导的，而最不明智的就是打压和阻止，不要把孩子的正常异性交往变成"地下恋情"，否则不仅孩子容易误入歧途，亲子之间的情感也会受到伤害。

 知识点：罗密欧朱丽叶效应

　　在现实生活中，常常见到这种现象：父母的干涉非但不能减弱恋人们之间的爱情，反而使之增强。父母的干涉越多、反对越强烈，恋人们相爱就越深，这种现象被心理学家称为"罗密欧朱丽叶效应"。

　　为什么会出现这种现象呢？这是因为人们都有一种自主的需要，都希望自己能够独立自主，而不愿自己是被人控制的傀儡。一旦别人越俎代庖，替自己做出选择，并将这种选择强加于自己时，就会感到主权受到了威胁，从而产生一种心理抗拒：排斥自己被迫选择的事物，同时更加喜欢自己被迫失去的事物。正是这种心理机制导致了罗密欧与朱丽叶的爱情故事一代代不断上演。

迷上网络怎么办——心理发展

小超原本跟着爸爸妈妈在他们打工的城市上学，学习成绩还不错，但是爸爸妈妈经常吵架，一次激烈的争吵之后，妈妈带着小超回了老家。小超不得已换了一所新的中学，但是入学半年来成绩一直在下滑，放学后总是去网吧打游戏，妈妈为此没少跟小超生气。

妈妈说："这么晚回来，你是不是又去网吧了？"

小超不吭气，闷头吃饭。

妈妈说："又是跟果果他们去的吧？你看你原来学习多好，都被他们带坏了，整天不学习就知道去打游戏，以后别跟果果他们玩了。"

小超说："我不跟果果玩，跟谁玩？再说了，我打游戏打得好，是他们愿意跟我玩。"

妈妈说："打游戏能当饭吃啊？你现在是学习的年龄，你看看你这成绩，你怎么就不能跟学习好的一起玩呢？你也跟人学点儿好！"

小超说："学习好有什么用，谁在乎我？"

妈妈说："你这孩子，妈妈辛辛苦苦一个人带着你，不就是为了将来你能有出息，妈妈也能有个依靠吗？你爸不争气，你也不争气，真是气死我了！"

现在的孩子生活在一个网络时代，网络已经成为人们生活中不可缺少的资源，合理使用网络是这个时代的孩子需要学习的一项技能，但是却有很多孩子由于种种原因陷入网瘾中无法自拔，这是需要每一位父母重视并警惕的事情。

所谓"网瘾"，是指对网络的过度使用或过度依赖，表现为对现实生活失去兴趣，依赖网络中的虚幻世界获得心理满足，并且长时间使用网络，造成身体及精神受损。

人人都在使用网络，但并不是每个人都会陷入网瘾。那么孩子的网瘾是如何形成的？哪些孩子没有抵抗力呢？

首先，获得家庭关爱不够的孩子最容易犯网瘾。他们在生活中找不到归属感，得不到认可，感受不到温暖和理解，经常被父母严苛地拒绝，甚至惩罚，与父母关系紧张，最终逃到了网络上，寻找刺激和发泄，成为"英雄""大侠"，享受这种虚幻的成就感、满足感，因而产生依赖，染上网瘾。

其次，同伴关系不好或者异性交往受挫的孩子也容易陷入网瘾，这类孩子往往自闭、压抑，无法和朋友分享兴趣爱好，享受不到友谊，有社交障碍等，他们最终选择去虚幻当中塑造一个自己，并享受那个自己的成就感。很多孩子在网络中所表现出来的人物性格和现实中往往相反，现实中很沉默寡言的孩子在网络上可能非常活跃健谈，孩子会把内心渴望自己成为的那种人，投射到网络当中，因为现实中不敢那样表现或者没有机会那样表现。

另外，有些青春期的孩子自制力不足，好奇心较强，出于害怕孤独，往往为了交友而做出一些能让朋友喜欢的事情。如果他交往的朋友当中染了网瘾的孩子，很容易被影响。

案例中的小超生活在一个父母长期争吵的家庭，但是之前至少还算稳定，父母大吵之后跟随妈妈回到老家，新的学校让小超缺少朋友，父亲不在身边，妈妈又对孩子寄托了太多期望，这都让小超内心感到压抑，刚好这时候出现了果果，于是为了获得朋友，小超步入了网络，并在网络中变成了"英雄"，赢得了同学的认同和关注，所以小超很享受这一切，并且开始觉得学习好也没什么用，因为没有人"在乎我"。父母对孩子内心情感的关爱不足，是导致小超形成网瘾的主要原因，新环境、新朋友是导致其形成网瘾的诱因。

一旦孩子陷入了网瘾，这不仅是一种心理疾病，还伴随着内分泌紊乱的神经类疾病，需要在专业人士的指导下进行药物治疗、团体治疗或者行为治疗，但是这一切的前提是"父母要改变以往对待孩子的教养方式，给孩子更多的理解和爱，帮助孩子敞开心扉"，无论哪种治疗都少不了父母的参与和家庭治疗的干预。

对于网瘾，最好的治疗是预防，父母创造温暖和谐的家庭，满足孩子的情感需要，关注孩子的同伴交往，培养孩子的兴趣爱好。在网络的使用方面，给孩子充分的使用体验，避免孩子因为好奇偷偷去网吧上网，鼓励孩子在家上网。同时父母多陪伴孩子一起上网，引导孩子对网络资源的合理使用。

孩子的成长是一个非常复杂的过程，在这一章里，我们只是截取了一些孩子在不同成长阶段最具代表性的现象，以期提醒家长们要关注孩子的自然发展规律。我们不能要求每个父母都是育儿专家，但是简单学习一些科学育儿的知识，有助于减少因不了解孩子发展规律而造成的亲子冲突和误会。如果父母能够抱着一颗"好奇"的心，尊重并敬畏一个生命的发展过程，就能在陪伴当中发现很多神奇之处。

第三章

会爱才是真爱——
爱是教育孩子必不可少的"养料"

　　没有哪个父母不爱自己的孩子，但是如果我们不懂得爱的方式，往往会无意中伤害孩子。我们"爱孩子"的初心没有错，只是我们常常不知道什么样的爱才是孩子需要的，"为了你好"的背后却往往是"为了自己"。学会给孩子正确的爱才是真爱，不会爱还努力去爱则是对孩子的伤害。

第一节 孩子一生中的"第一次"

孩子来到这个世界上，出生时除了带来很多原始反射之外，对这个世界的认知主要来自孩子的自我体验。自我体验包括孩子的感觉、知觉，包括对他人言行举止的模仿，更包括孩子的行为所引发的他人的回应，以及这些回应让孩子产生的自我思考和感受。

对于任何一个孩子来说，蹒跚学步时，都有过摔倒的经验。那么孩子第一次摔倒时，他所看到的、听到的、感受到的，他人所做出的回应，以及这些回应让孩子得出了什么样的思考和结论，都会在孩子面临同样的"摔倒"时，成为他判断和借鉴的经验。我们一起来看看第一次摔倒，可能会让孩子得到哪些经验。（见下页图示）

第一次摔倒，对孩子来说是一个挫折，而面对这个挫折的时候，妈妈扶与不扶、怎么扶，都会让孩子得到不同的经验。将来孩子面临同样的挫折和困难时，会用自己之前摔倒所得到的经验。

不只是第一次摔倒，还有第一次犯错，第一次成功，第一次生气，第一次难过，第一次见到陌生人，第一次离开爸爸妈妈，第一次打架……孩子有太多的第一次，这些第一次带给孩子的感受将深深镌刻在孩子的心里，成为孩子一生都在不断反复使用的经验和结论。

　　因此，我们说孩子的成长是不可逆的，我们现在每一天的陪伴、每一次的陪伴，都在累积成为孩子的经验和结论，都在帮助孩子认识自己、认识世界，从而影响着孩子的一生。

　　既然孩子获得的体验和经验对孩子如此重要，那么这就要求我们做父母的，在孩子成长过程中，做好"陪伴"工作，但是陪伴质量不同，带给孩子的爱的感受就不同，家长要学会提高陪伴质量。

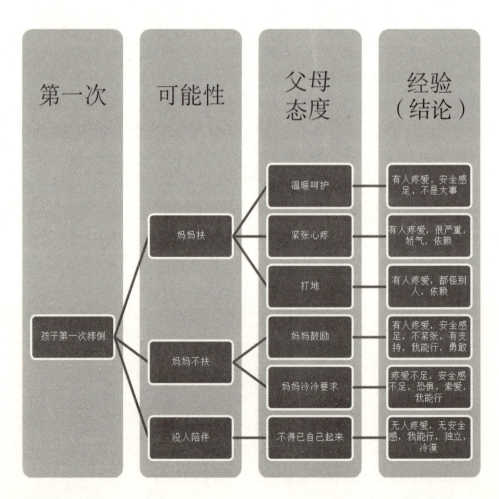

第二节　陪伴——心和心在一起

妮妮的小情绪——要陪伴不要陪着

下午放学，妈妈一手牵着3岁的妮妮，一手牵着6岁的青青，三个人走在回家路上。

妮妮兴高采烈地说："妈妈，今天在幼儿园里，我……"

这时妈妈的手机响了一下，妈妈便松开拉着青青的手，拿出手机看信息。

妮妮皱起眉头："妈妈，你没有听我讲话。"

妈妈说："我在听。"

妮妮提高了声音："你没有，你在看手机！"

妈妈说："我一边看手机一边听，也能听清楚你说什么。"

妮妮噘起小嘴："这不行，你要好好听我讲话！"

妈妈一看妮妮不高兴，便收起手机，却发现青青早就一个人跑到了前面。

妮妮刚要露出笑脸："妈妈，我告诉你……"

妈妈却突然说："青青，你自己小心点儿！"

妮妮突然收住脚步，使劲拽妈妈的手："妈妈，你要听我说话！"

妈妈说："妈妈在听，只是提醒姐姐一句，我还是能听到你说什么的。"

妮妮的眼圈已经红了："妈妈骗人，妈妈在看姐姐，妈妈真的没有在听我说话！"

妈妈摸了摸妮妮的头："妮妮乖，你看姐姐跑那么快，摔倒了怎么办？妈妈只是在提醒姐姐小心一点儿，你说妈妈是听你说话重要，还是提醒姐姐重要？"

妮妮使劲地扭动着身子，声音开始哽咽："不嘛！我……我不管！妈妈……只爱姐姐，不……不爱妮妮！"

"哇"的一声，妮妮大哭起来。

自从有了孩子，很多妈妈都会说："我把所有的时间都给了孩子""我每天陪孩子 24 小时"……可是同样是这些妈妈，她们也会说："孩子总缠着我，总是说：'妈妈，陪我玩儿'，我要怎么陪才算够呢？"

说到陪伴这个事情，就不得不说一说"手机"。网络上我们看到大量的漫画：爸爸妈妈被手机抢走了，孩子想要变成手机，这样爸爸妈妈就能每天捧着他了……在现实生活中，手机确实扮演了"人手一个，无处不在"的角色，我们身边也常常见到 "妈妈看手机，孩子出事故" 这样的新闻。随便去大街上转转，也能看到很多年轻妈妈带孩子出来，都是孩子在自己玩，而妈妈却在看手机。还有很多家长花钱把孩子送到早教中心去玩，而自己却坐在早教中心门口的长椅上看手机等待。我们的注意力都在手机上，对于陪伴孩子这个事情，要么敷衍了事，要么假手他人。

就像上文中的妮妮妈妈，明明在看手机，却说"我在听""我一边看手机一边听"。有的父母还会在孩子反对他看手机的时候，撒谎说"我这是在工作"，让孩子无奈叹息。很多家长看似24小时都在陪着孩子，但由于手机的存在，让这种陪伴只能称其为"陪着"，而不能称之为"陪伴"。这种只是肉体在一起的"陪着"不仅没有满足孩子内心的渴望，反而让孩子更加渴求陪伴。

案例中的妮妮原本想要跟妈妈说说幼儿园发生的事情，刚要开口，妈妈却去看手机了。妮妮开始产生不满，但是妈妈觉着这没什么，"我一边看手机一边听，也能听清楚你说什么"。于是妮妮为了争取自己的权益，要求妈妈放下手机。妈妈可算放下了手机，妮妮刚想继续说，妈妈的注意力又转移到姐姐那里了，妮妮再次遭受冷落。对于此刻渴望被看见、被倾听的妮妮来说，一定会觉得自己一点儿也不重要，还会觉得妈妈爱姐姐，不爱自己。

而对于妈妈而言，她会觉得妮妮在小题大做。她认为自己提醒姐姐完全没有错，因为人身安全比其他事情更重要。但是妈妈可能没有认识到，正是因为自己看手机的行为，不仅打断了妮妮的谈话，也造成了姐姐一个人跑到前面去。

真正的陪伴，是父母和孩子同在一个时空里，关注点在一起，共同做一件事，感受同样的感受，心与心在一起紧紧相连。这样才能称其为真正的陪伴，而这种陪伴，其实根本不需要24小时，每天即使仅仅专注陪伴孩子10分钟，也远远胜过一整天无意义的相处——陪伴的质量比陪伴的时间更加重要。在亲子陪伴中，孩子所感受到的来自父母的引导、关爱、帮助等回应，决定着孩子获得怎样的体验，这些就是孩子成长的宝贵经验。

不同质量的陪伴，带给孩子的爱的感受是不同的，有的是冷冷的、有的是虚伪的，有的是冷热不均的，也有的是烫烫的，让我们跟随案例，感受一下不同的陪伴所带来的不同的爱。

到底穿不穿外衣——冷冷的爱

妈妈陪4岁的莉莉游完泳，让莉莉去洗澡。莉莉刚刚洗完澡一头汗，妈妈帮她换衣服，她穿完秋衣秋裤却怎么也不肯穿外衣，就要往外走。妈妈怕孩子感冒生病哄了半天，可是不管怎么说，莉莉就是不穿。最后妈妈发火了。

妈妈对莉莉说："不行，你今天必须给我穿上！"妈妈把莉莉的胳膊抓住，强行套上衣服，莉莉一边扭动着身子，一边大哭，妈妈一句话也不说，抱起莉莉上了车。

在车上，莉莉一边哭一边把衣服又脱了。妈妈在前面开车，一声不吭。莉莉哭了一路妈妈都没理她。

到了家停下车，妈妈也不管莉莉怎么哭，又一次强行给孩子穿上外衣，然后非常生气地说："你再哭就在车里待着吧！"说完扭头就走。

莉莉一边哭一边跟在妈妈后面喊："妈妈抱，妈妈抱！"

妈妈说："什么时候不哭了就什么时候抱！"莉莉忍不住一路都在哭！

上了楼，妈妈说："你在外面哭够了吧！""砰"的一声把孩子关在门外，自己气呼呼地坐在屋里，只听孩子的哭声更大了！

过了一会儿，妈妈打开门说："还哭不哭？还脱不脱衣服？"莉莉摇摇头哭着说："不了……"于是妈妈抱起孩子搂在怀里！

孩子小的时候，妈妈陪伴孩子的时间最多，陪伴当中避免不了冲突和矛盾。很多妈妈都有这样的经历：因为一件无足轻重的小事情发生了冲突，任由妈妈苦口婆心地讲道理，孩子仍是不听劝——不仅不听劝，还会无理取闹，大喊大叫，弄得妈妈心烦意乱、无可奈何。有的妈妈实在忍不住了，最终打了孩子——打完之后，又会心疼和懊悔！明明是一件理所当然的事情，为什么孩子就是想不通、不听劝呢？很多妈妈都弄不明白。

以上面莉莉的例子为例，在妈妈看来，穿外衣是个特别合情合理的事情，身上有汗、外面冷，如果不穿外衣，很容易感冒！再说穿外衣只是简单的一两个动作而已，也不是多麻烦的事情，怎么就是说不通呢？于是妈妈就会觉得"这孩子不听话""这孩子脾气倔""这孩子无理取闹"——"我明明是为你好，为你着想，你怎么就是不听话呢？"于是妈妈强行勒令孩子必须穿上衣服，否则就"不理你"——妈妈知道"不理你"是孩子最害怕的方式，"我不理你，你就会回来求我，就会服软，就会妥协"。这招对年龄小的孩子来说，确实是撒手锏。最终，妈妈赢得了这场"战争"，却伤了孩子的心。这种方式给予孩子内心的感受是——妈妈的爱是冷冰冰的、恶狠狠的、是很容易失去的。

我们再从孩子的角度来看这件事情："我刚刚玩得很兴奋，还洗了热水澡，身上很热，穿上秋衣秋裤就更热了，为什么还要穿外衣呢？我很热，妈妈不能理解吗？妈妈强迫我穿，我只能使劲哭，妈妈却一点儿也不关心我，不哄我，不管我，我又害怕又伤心。"这就是孩子的心理感受。

这件本来不大的事情，由于彼此关注点不同、感受不同，两个人较上了劲，最后就变成了争吵。而当这种矛盾冲突发生的时候，妈妈采取了"我是大人，我力气大""我不搭理你，看你服不服"等近似冷暴力的发脾气行为。妈妈这样对待孩子的方式，会造成孩子安全感受损，对妈妈的爱患得患失，甚至在这个过程中感受到的只是妈妈的冷漠。这种方式的陪伴，不仅失去了陪伴孩子的意义，更让亲子关系受损，令孩子得到不良的经验感受。

给妈妈的建议：如果忽然发现孩子陷入一种"无理取闹、不可理喻"的状态，在气愤冲昏头脑之前，要停下来想一想，在你看来不能理解的孩子行为背后，他的真实需要是什么？任何一个孩子都不会无缘无故地哭闹，一定是什么让他觉得不舒服了，他才会哭闹。这时候，不妨试着从孩子的角度看一下问题。这样，就能很大程度地避免"战争"的爆发。

高质量的陪伴，需要关爱，即便孩子有不足，也不要用冷冷的方式来对待，不要拿孩子撒气，也不要将孩子远远推开。高质量的陪伴是无论何时何地，妈妈的爱都和孩子相连，而不是冰冷得拒之千里。

这个巧克力不好吃——虚伪的爱

6岁的小文上一年级了，今天考了100分。放学了，妈妈来接小文。

小文对妈妈说："妈妈，我今天数学考了100分！"

妈妈说："太好了，儿子，今天好好奖励奖励你！走，咱们去超市，你想买什么，跟妈妈说，妈妈都给你买！"

进了超市，转到零食区，小文在一大盒200多元的巧克力前面停了下来。

小文说："妈妈，我想买这个巧克力！"

妈妈："这个呀……这个巧克力不好吃，我们换一种吧，旁边这种挺好吃的。"妈妈指着旁边一盒价值36元的小盒巧克力说。

小文说："妈妈，我就想要这个大盒的！"

妈妈说："妈妈以前不是跟你说过吗，巧克力吃多了对牙不好，而且那个大盒的没有这个好吃，小文乖，我们买小盒的好不好？"

小文说："你说好了我想买什么你都给我买的。"

妈妈说："妈妈不是不想给你买，是因为那个大盒的不好吃，吃太多对你的牙齿又不好，一次买太多了不好，我们下次还可以买呀……"

小文跟妈妈僵持了10分钟，最终，小文委屈地嘟囔说："那好吧。"

　　每个妈妈都爱孩子，都想把最好的给孩子。在陪伴的过程中，有些父母所表现出来的爱，孩子感受到的却是虚假的，不值得信任的。就像案例中的小文妈妈，儿子努力学习考了100分，她赞赏的不是儿子的努力，而仅仅是这个分数。她非常错误地使用了物质奖励，还夸下海口："你想买什么，跟妈妈说，妈妈都给你买。"而当儿子看中一盒200多元的巧克力时，妈妈才发现给自己挖了一个坑——这个坑的界定没边没沿的，不太好收场。既然挖了坑就需要想办法补，怎么办呢？一个成年人对一个孩子，妈妈误以为自己要比孩子聪明，于是开始哄骗、糊弄孩子，说"这个巧克力不好吃，我们换一种吧，旁边这种挺好吃的。"发现没哄住，又开始拿大道理吓唬孩子，总之想要讨价还价、出尔反尔。

　　当孩子拿妈妈的许诺来堵妈妈的嘴时，妈妈这时候又开始圆自己的话"不是不想买""下次还可以买"，用一个新的谎言来圆第一个谎言，用一个新的承诺来兑现前一个承诺，用一个新的坑来填最初的坑。不要以为孩子小，随便哄一下不当真也没关系，就是一次次的"说大话"，让孩子对妈妈的信任慢慢消磨殆尽，甚至让孩子不再信任成人。有一天父母也许会忽然发现，孩子跟父母不再讲真话，不再信守自己的诺言，还会为自己找各种借口——等到那时再责备孩子就已经晚了。

给父母的建议：

首先，当孩子取得好成绩，对于孩子来说，最好的奖励就是妈妈能够分享孩子的喜悦，肯定孩子的努力，并且帮助孩子总结经验，而不是进行物质奖励。其次，妈妈要信守自己的诺言，如果自己确实没经考虑就说出了口，那就要按照自己的承诺去执行，否则会失信于孩子。在下一次许诺时，则要认真考虑，不要随便承诺，避免无法兑现。最后，要尊重自己的孩子，不要认为他只是个孩子就可以欺骗他、糊弄他。人与人之间的爱，信任是基础。

高质量的陪伴，需要信任，爱孩子就请用真心，拒绝虚伪的爱，拒绝夸夸其谈的爱，孩子从来没有要求我们给得多完美，说到做到就好！稳稳当当、实实在在的持续陪伴是孩子最需要的。

焦虑的妈妈会变脸——冷热不均的爱

3岁的小川不爱吃蔬菜，每次吃饭妈妈都花大量的时间哄孩子吃一点儿菜。

妈妈："宝宝，你看我把蔬菜切成小小的了，你拌在饭里吃一点点。"

小川："我不要吃蔬菜。"

妈妈："就吃两口好不好，吃完了咱们一起出去玩。"

小川："蔬菜不好吃。"

妈妈阴下脸："不吃蔬菜你会生病的！你这孩子吃个饭真费劲，让你吃菜又不是给你吃毒药，怎么就是不肯听话呢？妈妈不爱不吃蔬菜的宝宝！"

小川开始撇嘴，更加不吃了，还把饭撒了一桌子。妈妈左哄右劝本来就失去了耐心，这下子再也忍不住了，揪过小川就开始打屁股，一边打一边说："让你不吃，让你不吃，再不吃就饿着你，什么都不许吃了！"

小川大哭起来，一边哭一边咳，刚刚好不容易吃进去的饭一下子全咳了出来。妈妈看到孩子难受的样子，心又软了："宝贝，妈妈不该打你，这些饭都撒了，妈妈带你出去吃好的。不哭了，乖，妈妈爱你。"

陪伴孩子的过程其实就是过日子，过日子一日三餐必不可少，孩子的吃饭问题也是关系到他长身体的"大事"。在孩子吃饭的问题上，很多父母都很焦虑，甚至会经常引发家庭战争，于是出现了"有一种饿，是你妈觉得你饿"的诙谐段子。

有一句话很暖心——爱，就是一家人一起吃很多很多顿饭。既然要一起吃很多很多顿饭，那么吃饭这件事情上的摩擦也就会很多，案例中的小川妈妈因为小川不爱吃蔬菜而煞费苦心，为了让孩子能多吃一些蔬菜，特意把菜切成小小的，希望孩子能吃一点点，我们能看到一个妈妈爱孩子的良苦用心——妈妈几乎是在求着孩子吃了，不可谓不够爱。

但是当妈妈花了足够的心思，又花了大量的时间劝孩子、哄孩子、求孩子，威逼利诱讲道理都不管用之后，妈妈逐渐失去耐心，从一个温柔的妈妈，翻脸变成了一个凶巴巴的妈妈，斥责孩子不听话，当孩子弄撒了饭碗后开始打孩子，一边打一边说狠话："再不吃就饿着你！"可是当孩子哭到把饭咳出来之后，妈妈忽然又从一个凶巴巴的妈妈瞬间变成一个心疼孩子的可怜兮兮的妈妈，又道歉又讨好。刚才还狠狠说"什么都不许吃"，又变成了"我们出去吃好吃的，妈妈爱你"。整个过程我们看到了一个瞬息万变的妈妈，这个妈妈给孩子一份忽冷忽热的爱。

从孩子的角度来看这个事情："妈妈刚刚还好好的，忽然就让人害怕了，可是一旦我哭，一旦我难受，妈妈又心软了，又妥协了，我又可以不用吃蔬菜了，不止如此，还能吃到更好吃的。"长此以往，孩子就掌握了妈妈的规律，学会如何控制妈妈，于是孩子就会认为"妈妈好好说的时候我耗着，妈妈打我的时候我装可怜、做难受状，这样我就会赢得我想要的"。

给父母的建议：

首先，关于吃饭本身，这是人类的基本需求，排除身体疾病外，只要是健康的孩子，饿了自然就会吃，饿急了，就会降低对食物的选择。很多父母给孩子贴上挑食、偏食的标签，更多的原因是给孩子选择太多了，孩子始终处于一种"不饿"的状态，普通的食物已经无法激发孩子的食欲，于是制造了很多"吃饭困难"的孩子。其次，妈妈在对待孩子吃饭这个问题上太过焦虑了，以至于让自己无法冷静下来，急于让孩子吃，不吃又急于责备孩子，孩子哭了又急于哄孩子，妈妈这种忽冷忽热的状态源于自身的焦虑心态，越是焦虑就越容易被孩子的情绪所感染，从而被孩子所左右，造成自己无法冷静。妈妈需要正确看待孩子吃饭这件事情，同时需要"看淡"一些，或者暂时"少关注"这个事情，在处理的时候尽量保持温和，平时多注意调节自己的情绪状态。

高质量的陪伴，需要稳定和持久，只有感受到长久稳定的爱，孩子内心才更加笃定平和。

难以搭起的高塔——烫烫的爱

4岁的小虎想用积木搭一个像自己一样高的塔。然而，他总是搭不高，搭着搭着积木就倒塌了。

小虎有些生气地大哭："我搭不高！"

妈妈看到小虎因为搭不高而哭泣，心疼极了，赶紧过来安抚小虎："宝宝，不哭，这些积木不好，妈妈给你买些可以搭的很高的积木，要不，妈妈帮你搭怎么样？"

小虎反而更生气了："不要，我不要！"

妈妈说："宝宝不哭了，我们吃点好吃的怎么样？"

小虎说："不吃，我就要搭很高很高的塔。"

妈妈说："看动画片怎么样？你不是最爱看动画片吗？"

小虎听到看动画片，停止了哭泣，露出了笑脸。

看到孩子的笑脸，妈妈不再纠结难受，舒了一口气，心情也阳光起来，禁不住抱着小虎亲了一下。

此种情境中母亲的反应很常见。乍一看，甚至可能会感动于母亲对孩子的爱，因为母亲用自己的力量想方设法把孩子带离痛苦，使孩子重获笑颜。是的，看到孩子明媚阳光的脸庞难道不是母亲最大的欣慰吗？

然而，细致地体验这个化哭泣为笑颜的过程，其中最多的却是母亲的焦虑，而并非温柔的包容和接纳。真相往往很残酷，觉察和面对并不容易，这也是父母自我成长的困难所在。

小虎的内心可能经历了这样的一个过程："我是全能的，我做任何事都可以做成。但是现在我却搭不成想要的高塔，这怎么可能？难道魔法失效了？我感到既生气又难过，原来我不是全能的，不是全能的好可怕……于是我哭了起来。这时候妈妈来了，她看起来很紧张、很焦虑，看来这件事真的可怕，她和我都无法面对。她好像不愿意看见我哭泣难过，这会令她不安和难受。看，她在努力地哄我开心。我希望她能看到我的悲伤，但是她却完全看不到。什么？原来不是我不行，是积木不好。看动画片？这个想法不错。

我一笑，妈妈不焦虑了，她还抱着我亲了一下。我感觉哭是一件不好的事，因为我一哭，妈妈就焦虑，不过我哭的时候，会有动画片看。"

母亲的内心可能经历了这样的过程："宝宝因搭不好积木而生气、哭泣，我好难受，见不得孩子掉眼泪。孩子好可怜，这么小就要承受这种无助，我真恨不得自己替孩子承受。我是个爱他的好妈妈，我要让他开心幸福，我要把他带离痛苦。看，他笑了，我心里踏实了，舒服了，禁不住亲一下表达我此时的心情。"

从这个很难觉察的心理过程可以看出，母亲自始至终并未看到孩子的内心需要，而主要看到自己的需要，顺着自己焦虑的感觉，通过控制孩子的表现和感受，把自己的感受调节到一个舒服的状态：我是一个好妈妈，我要给孩子全部的爱，爱孩子就是不能让孩子哭，即使牺牲自己也要给孩子开心和幸福。这份爱似火，烫烫的。

那么我们一起发现了这个真相，就是妈妈在急于让小虎不哭。我们要思考一下，孩子在经历悲伤、沮丧、生气等情绪时，哭真的不好吗？如果你爱孩子，是否能允许孩子哭呢？

给父母的建议：

爱是包容和接纳，孩子出现不同的情绪是正常现象，并且那些情绪的出现正是一个孩子体验的机会和学习的过程。我们不要急于阻止孩子去体验来自他内心的感受，虽然妈妈都爱孩子，都心疼孩子，都恨不能替孩子受苦，但是我们却忘了我们不能代替孩子成长。爱孩子不是让孩子免于任何痛苦，而是帮助孩子学会如何面对问题，如何承受和化解问题。这些能力是孩子成长所必需的，孩子每一次遇到困难，都是一次成长的绝佳机会，我们做父母的，应该做的是爱和支持，而不是越俎代庖，代替孩子解决问题。

高质量的陪伴，不是孩子一哭就哄。烫烫的爱是溺爱，而高质量的陪伴是：无论你笑，还是哭，我都和你在一起，我能够倾听你的笑，更能够倾听你的哭，因为我有勇气爱你的一切。

孩子的小心思——爱是暖暖的

今天妈妈有事，放学时，姥姥把小强接到了自己家。妈妈忙完工作，也赶去姥姥家帮忙做饭。

小强小心翼翼地问妈妈："妈妈，我们今天住在姥姥家吗？"

妈妈把择了一半的菜放在桌子上，看着小强问："你想在姥姥家住，是吗？"

小强说："如果能住下就好了。"

妈妈说："看样子你很想在姥姥家住，那我们先回家拿明天换的衣服，再过来住好吗？"

小强嘟着嘴不高兴："我不想回去，我明天就穿今天的！"

妈妈想了想说："哦，小强好像不太高兴，让妈妈猜猜，你是想等舅舅回来一起玩电脑游戏吗？"

小强说："恩。"

妈妈说："如果舅舅回来的时候，小强却不在，确实挺遗憾的。那怎么才知道舅舅什么时候回来，我们不错过呢？"

小强说："给舅舅打电话！"小强兴奋地跑去打电话了，没一会儿就跑回来了："妈妈，舅舅今天值班不回来了，怎么办啊？"

妈妈说："你一定很失望吧？那你还想住在姥姥家吗？"

小强说："妈妈，我们回家吧。可是我还是想跟舅舅一起玩游戏。"

妈妈说："如果是妈妈很想跟舅舅一起玩，我会跟舅舅约个时间。"

小强一拍脑袋说："对呀！"于是小强又飞快跑向电话，跟舅舅约时间去了。

孩子的成长是一个缓慢的过程，在这个过程中虽然会出现一些小冲突、小矛盾，但是更多的是幸福的时光。孩子的成长带给我们很多的惊喜和感动，陪伴越多，所获得的幸福也会越多。孩子感受到的爱越多，心里存储的爱就越多。

上面这个案例，读起来非常温馨动人。当小强揣着小心思试探妈妈是否可以住在姥姥家的时候，妈妈放下手里的活儿，专注地看着小强说："你想在姥姥家住，是吗？"这个过程让我们看到了一个温柔的妈妈，一个善于倾听和共情的妈妈。妈妈放下菜看着小强，给了小强一个明确的预备沟通的姿态，留出沟通的空间和时间，让小强感受到妈妈很重视他说的话，很在意他的需求。在听到小强的需求后，妈妈进一步确认并表示同意小强的想法。

妈妈在答应的同时提出了相应的解决办法——回家拿换的衣服。可是在这个时候，孩子却表现出不愿意，并提出"我明天就穿今天的"。遇到这种情况，可能很多妈妈都会下意识地说："那怎么行，衣服这么脏必须要换！"如果这样和孩子交流，不仅转换了话题，还可能会引起矛盾。小强妈妈关注的是为什么孩子不愿意去拿衣服，那可能在表面的需求背后还有其他的想法。于是妈妈继续和孩子共情——"小强好像不太高兴，让妈妈猜猜看"。妈妈猜到小强想住在姥姥家是想和舅舅一起玩电脑游戏。在这种时候，可能很多妈妈都会说："这怎么行！就知道玩！"这么说，可能又会引起新的矛盾。然而小强妈妈并没有把玩电脑游戏这个事情看作是禁止行为，于是再次和孩子共情——"如果舅舅回来的时候小强不在，确实挺遗憾的"。妈妈理解了小强的感受，同时启发孩子："那怎么才知道舅舅什么时候回来，我们不错过呢？"小强于是想到去给舅舅打电话。当得知舅舅不回来之后又启发孩子"如果是妈妈很想跟舅舅一起玩,我会跟舅舅约个时间"。于是,小强又跑去给舅舅打电话。

在妈妈的启发下,小强两次给舅舅打电话,都是非常愉快、非常兴奋的,因为这个打电话的办法是小强自己想出来的,非常有成就感。并且妈妈的态度是允许和支持的,这让小强感受到妈妈的爱和理解。这样的沟通交流,不仅促进了小强和妈妈的感情,还能引导小强在面对问题时,能够主动去思考解决问题的方法。

从这个案例中,我们能感受到来自妈妈的那种满满的爱、暖暖的爱。在妈妈和小强的沟通中,我们看到了倾听和共情,理解和鼓励。高质量的陪伴,是爱的传递,而真爱,是暖暖的。

我们通过这个案例发现,在亲子沟通中能够促进爱的传递的是"共情",小强妈妈就大量运用了共情的沟通方式。共情到底是怎样的呢?下一节我们一起来解读,亲子共情是如何进行的。

第三节 共情——先"通情"后"达理"

不就是个小汽车吗，哭什么哭——共情不是否定感受

很多父母都经常抱怨："我的孩子简直不可理喻，动不动就莫名其妙地乱发脾气，我哄也哄了，劝也劝了，可就是跟他说不通，又哭又闹的，让我又生气又无奈。"遇到这种情况，往往是沟通中的共情没有做好。共情是沟通中的万金油，如果共情到位，孩子就会得到安抚，变得顺从或者听劝，沟通就会很顺畅。那么，共情到底是什么呢？这一章节，我们详细讲述共情的问题。

下面，让我们来看一个案例：

3岁的小杰去参加儿童嘉年华时得到了一辆小汽车，小杰非常喜欢，可是第二天小汽车摔在地上，坏掉了，小杰大哭了起来。

妈妈赶紧抱起小杰："宝宝不哭啊，就是个小汽车，也不值钱的，咱家那么多小汽车呢。"

　　小杰一边哭一边喊："不要，我就要这个！"

　　妈妈说："不就是小汽车吗，要不咱们去买个一模一样的。"

　　小杰还继续哭："不要，我不要新的。"

　　妈妈有些生气了，说道："这样也不行，那样也不行，你自己在这儿哭吧！"

　　小杰大哭起来，很明显是因为小汽车摔坏了，这原本是个没有争议的事情。妈妈也很容易就能知道孩子哭的原因，孩子在这种时候哭也是很正常的一个反应，可是妈妈为什么最后生气了呢？

　　一开始妈妈赶紧抱起小杰，说明妈妈明白小杰是因为汽车摔坏了哭起来了。然而问题出在妈妈安慰孩子的话上面"宝宝不哭啊，就是个小汽车，也不值钱的，咱家那么多小汽车呢"，这句话里面透露出来的信息是：只是个不值钱的小汽车，不重要，不值得哭，还有那么多小汽车呢，哭什么哭啊？孩子原本只是因为小汽车摔坏了而伤心，妈妈这么一说，不但没有缓解孩子的伤心，反倒产生了新的糟糕的感受，那就是"妈妈不理解我的伤心，妈妈否定了我的伤心，不允许我伤心"。于是小杰开始反抗："不要，我就要这个！"小杰心中的想法是："你不是说不值得哭吗？不是说还有那么多吗？我不，我就要这个！你根本不理解我！"

　　妈妈依然没有理解孩子的意图："你不是想要一模一样的小汽车吗？那我去给你买一个一模一样的好了。"但是小杰更不买账了："不要，我不要新的！"是啊，对小杰来说他的伤心，不是一个一模一样的小汽车就能取代的！更让小杰感觉糟糕的是，妈妈没有关注到这个伤心，只是关注了小汽车。

　　妈妈也无法理解："这孩子怎么这么不好哄，不就是个小汽车吗，换别的不行，买新的也不行。"于是，妈妈黔驴技穷，烦躁又懊恼地甩出一句冷冰冰的："这样也不行，那样也不行，你自己在这儿哭吧！"可想而知，小杰必然是哭得更加厉害了：开始时只是小汽车摔坏了，后来妈妈又不理解自己，不接纳自己的情绪，现在又感受到了妈妈冰冷的对待！伤心、生气、恐惧多种情绪混合到一起，孩子的内心被伤得更深了。

小杰妈妈不明白小杰为什么这么不好哄，是因为她"好心"安抚孩子的时候，无意中否定了孩子的感受，才引发了这一系列的矛盾。如果小杰妈妈懂得如何共情，完全可以避免这样的冲突。当小杰哭的时候，妈妈过去用温和的姿态抱起小杰，轻抚小杰的后背或头，轻声告诉小杰："小汽车摔坏了，小杰有些伤心了，是吧？妈妈知道了，妈妈抱一会儿。"再耐心地给孩子一点儿时间，让孩子哭一会儿。

共情就是说出事实，表达出当时孩子心中的感受，这就足够化解一场亲子冲突，也避免加重孩子的不良情绪。

父母的借口——共情不是说教

嘉嘉9岁了，她身边很多同学都会游泳，而嘉嘉只是在去年暑假游过几次，还没有学会。在嘉嘉的强烈要求下，妈妈答应周日的下午带嘉嘉去游泳。可是周日上午的时候，姑奶奶打来电话，说正在来嘉嘉家的路上。

爸爸对嘉嘉说："嘉嘉，姑奶奶要来咱家，今天不去游泳了好吗？"

嘉嘉说："可是我很想去游泳，能让姑奶奶跟着一起去吗？"

爸爸说："姑奶奶是老人了，又难得来我们家做客，怎么能让她跟着你去游泳呢？我们改在下周去游泳可以吗？下周肯定带你去。"

嘉嘉大哭起来："我都一年没游泳了，上周你们答应好了的，你们只管别人，却牺牲我的时间……"

爸爸有些不高兴地说："这么大的孩子怎么还不懂事，你去别人家做客，主人走了，你还会再去吗？"

嘉嘉哭道："我不管，你们答应好了带我去游泳的，你们不守信用。"

爸爸说："我们是答应好了的，可是姑奶奶临时来电话我们也没有办法。你应该懂得体谅别人，全家人都对你这么好，姑奶奶也很喜欢你，你怎么一点儿都不替大人着想呢？"

爸爸和嘉嘉各执一词互不相让，妈妈有些坐不住了，把爸爸推出门外，关上门劝嘉嘉："都怪妈妈平时不带你去游泳，以后我们每周去一次好吗？"

生活中常常发生计划赶不上变化的事情，嘉嘉和爸爸吵了起来是因为什么呢？首先由于姑奶奶没有事先打招呼，临时来做客（其实要说错是大人错在先），给嘉嘉和爸爸妈妈制造了一个时间冲突。其次，爸爸想当然地用成人逻辑给女儿讲道理，结合亲情、礼俗、面子等，直接下了命令"不能去游泳了"。他在跟嘉嘉说这件事的时候，看似征求了孩子的意见（"今天不去游泳了好吗？"），其实爸爸在问这个问题的时候，只预设了一个答案，就是嘉嘉只能说"好"，如果说"不好"，爸爸就得出这样的结论：这孩子不懂事，不会体谅别人。而嘉嘉其实一开始听到这个消息，就想出了很好的解决办法，"一起去"，可惜爸爸在已经预设了答案的情况下，急于想要达成自己的目的，对嘉嘉进行了长篇大论的说教，于是激怒了嘉嘉，嘉嘉哭起来，表现成了"我不管，你们答应好的"，于是爸爸印证了自己的想法"这孩子就是不懂事"。

如果说整个事件的矛盾是姑奶奶没有提前通知造成的，那么嘉嘉和爸爸的矛盾，显然是爸爸引发的。爸爸没有跟孩子共情，也没有给孩子选择的权利，并且试图通过说教的方式让孩子妥协，结果越说矛盾越大。

女人通常是感性的，妈妈见不得孩子哭，所以妈妈不去分析爸爸和嘉嘉之间的问题出在了哪里，只是想尽快结束争吵，安抚嘉嘉。而她安抚的方式是"包揽责任""用承诺贿赂"。妈妈这样的做法，短时间内能起到一定的安抚作用，但是从长远看，却是用错了方法。这样做，不仅让孩子有了一个推卸责任的对象，更加要命的是妈妈给自己挖了一个大坑，以后很可能多次出现"姑奶奶来了"事件——对于我们大人来说，一定不要去做"周期性""重复性"承诺，因为我们平时忙于各种琐事之中，很难去兑现这样的诺言。

时间冲突在生活中是很难规避的。发生这种事情的时候，如果父母认为大人的事情重要，而孩子的事情不重要，用牺牲孩子的安排来协调，会让孩子心里感到委屈。碰到不得已必须改变安排的时候，如果可以跟孩子共情，认识到孩子内心的委屈，孩子能够感受到被理解和尊重，就愿意接受协商了，比如这个案例中，如果爸爸能够这样说：

"嘉嘉，姑奶奶要来咱家，可是咱们之前是安排去游泳的，如果不能去了，你一定会很失望吧？咱们一起商量商量怎么办，好吗？"

"让姑奶奶跟着一起去，确实是一个办法，不过姑奶奶是老人了，又难得来我们家做客，让她跟着咱们去游泳是不是有点不礼貌啊？我们还有没有更好的办法呢？"

说教不是共情，共情是换位思考、感同身受。共情不仅仅是父母换位思考，从孩子的立场想问题，尊重和理解孩子的感受，同样也是引导孩子换位思考，从他人的角度想问题，理解和尊重他人的感受。当孩子被共情，感受到尊重和理解时，就愿意协商，愿意接受父母的意见和建议。

那你不理他就好了——共情不是给建议

早上吃完饭，11岁的菲菲突然和妈妈说："妈妈，我非常不喜欢小丽。"

妈妈追问："为什么不喜欢她啊？"

"她喜欢臭美，还翻了我的书包。"菲菲嘟着嘴说。

妈妈说："那你不理她就好了啊。"

菲菲有些苦恼地说："可是我们是同桌啊，我看见她就烦！"

妈妈说："那你找老师换个座位呗。"

菲菲还是不乐意："算了，跟你说也没用，我要去上学了。"

妈妈陪着菲菲出门了。

菲菲本来想跟妈妈说说女孩之间的小矛盾，但是最后却不欢而散，问题出在哪里呢？

菲菲跟妈妈说"我非常不喜欢小丽"的时候，"非常"两个字透露出来菲菲是带着情绪的。妈妈并没有关注孩子"心情不太好"，而是直接进行了"追问"，错过了一次共情的机会。当菲菲说"她喜欢臭美，还翻了我的书包"的时候，妈妈也没有关心菲菲被翻书包的气愤，而是轻描淡写给了第一个建议"那你不理她就好了啊"；菲菲发现妈妈给的建议根本不可行，因为"我们是同桌啊，我看见她就烦"，这个时候，妈妈也没有注意到菲菲的"烦"，而是又轻描淡写给了第二个建议"那你找老师换个座位呗"。

菲菲一再想跟妈妈诉说自己的烦恼，而妈妈一再轻描淡写地给出完全没什么可行性的建议，导致菲菲的倾诉非常受挫，因此失去了继续说下去的欲望。妈妈的态度比较敷衍，或许当时心不在焉，或许觉得这是小孩子之间的小矛盾，过几天就好了，根本没把菲菲的烦恼当回事。孩子是读心不读嘴的，因此菲菲感受到妈妈并不重视，也没有认真倾听，更没有理解她的感受，所以得出结论"算了，跟你说也没用"，两个人的心越来越远。如果妈妈能够适当与菲菲共情，亲子关系就只会贴近不会疏远：

"你看起来很不开心，愿意跟我说说为什么不喜欢小丽吗？"

"翻了你的书包啊，那当时你一定很生气吧？有没有问过她为什么翻你的书包呢？"

共情不是追问，不是给建议，而是发自内心去感受孩子的情绪，设身处地从孩子的视角来感受孩子的感受。共情就是亲子之间的情感互通。

老天爷太坏了！——共情不是过度同情

小武7岁生日那天，刚好是周六，小武约大家在那天进行风筝比赛。对于这件事，家长们都非常支持，一有时间就训练孩子放风筝的技巧。生日眼看就要到了，大家都充满了期待。

可是生日当天一早，天上就乌云密布，小武一遍一遍跑到窗边看天气，焦急的情绪清晰地写在脸上。

小武对妈妈说："妈妈，今天不会下雨吧？不会耽误风筝比赛吧？"

妈妈一脸愁容地说："我想……天很快会晴的吧。儿子，再等等。"

小武早饭没吃几口，一上午都在窗前转来转去的。小武和小伙伴们约的是下午两点，可是到了中午时分，下起了倾盆大雨。小武伤心地哭起来。

妈妈把小武抱入怀中："宝贝，我的小可怜，我真的很抱歉，妈妈让你失望难过了。我要是有办法让雨停下来就好了，可是这个我无能为力。要不，咱们明天再和小朋友们比赛吧？"

小武说："可是明天不是我的生日！今天才是！我就要今天去放风筝！"

妈妈说："我知道，宝贝。今天下雨实在是太糟糕了。"

小武说："老天爷太坏了，所有的事情都和我过不去！"

妈妈说："宝贝，别再哭了，你哭得这么伤心我也很难过，可是我真的没办法让雨停下来。"

然而小武继续伤心地大哭，妈妈也快要哭了。

《天下无贼》里面刘德华有一段台词非常精彩："他凭什么不设防啊？他凭什么不能受到伤害？凭什么？是因为他单纯啊？他傻？你为什么要让他傻到底？生活要求他必须要聪明起来。作为一个人，你不让他知道生活的真相，那就是欺骗。什么叫大恶？欺骗就是大恶！"

是啊，孩子也有权知道有些事情是不得不接受的，他需要具备接受失望、失败的勇气。过度怜悯孩子、保护孩子，对孩子都是伤害。

案例中小武的大部分悲伤难过其实是没有必要的，如果只是因为下雨，小武估计难过一会儿很快就能接受了。但是孩子对大人的态度非常敏感，妈妈可怜孩子，孩子就会认为自己有自悲自怜的理由。当孩子自悲自怜时，他的痛苦就加倍了，这个时候他不是勇敢地面对困难，积极地找解决的办法，而是依赖于他人的怜悯，非要等人安抚才能好起来。渐渐地，孩子越来越没有接纳挫折的勇气，越来越不愿意面对现实，这样的态度有可能伴随孩子一生。他会坚信，这个世界欠他的，他损失了很多，他没有办法做好自己的事情，无法依靠自己快乐起来，需要别人给他安抚。

再回头谈谈上面的这个案例。当妈妈认定小武难以面对这个失望时，妈妈其实是不信任、不尊重儿子的，她认定儿子太脆弱，没有能力面对生活中的困难和挫折。妈妈的做法，鼓励和加深了小武对自己的错误认知，因此导致小武更加悲伤。

我们要避免可怜孩子，只有这样，孩子才能学会克服困难，勇敢面对现实。当孩子失望时，妈妈可以尝试共情，比如"如果真的下雨，你会有点难过吧？妈妈也觉得很遗憾，不过我们有没有别的办法庆祝生日呢？"共情不是过度同情，共情给孩子的是被理解之后的内心安定，是可以增加孩子内心力量的。而一味地怜悯孩子，不仅帮不了孩子，还会造成孩子错误的认知，让孩子无法具备接受失败、失望的勇气。

老师管你是为你好——共情不是偏袒对方

放学回来，10岁的小伟没精打采的，一直耷拉着脑袋。妈妈看不下去了，说："你今天怎么这么蔫，是不是在学校闯祸了？"

小伟说："我没有，我就是上课说了一句话，老师就让我写检查。我同桌也说了，老师却不管他，老师就是看我不顺眼。"

妈妈说："你这孩子，老师管你是为你好。你上课不好好听课，说什么话？肯定是你先跟同桌说的，老师才罚你。"

小伟说："根本不是，是我同桌跟我借橡皮，他说的时候老师也看见了，却偏偏只罚我写检查，这不公平！"

妈妈说："谁让你平时不听话，净给老师添乱的！还不赶紧去写作业，态度可要认真点儿啊！"

作为父母，我们希望自己能够了解孩子，能够在孩子需要的时候及时给孩子帮助，也希望孩子有什么话都跟我们说。但是当孩子真的跟我们说的时候，有些父母又觉得"小屁孩，能有多大事啊"，不等孩子把事情解释完，就匆匆下结论。要是碰上跟老师有关的，有些父母更是站在老师一方，指责孩子"淘气""捣乱""给老师添麻烦"，根本不听孩子的解释。久而久之，让孩子变得不爱跟家长说心里话。而父母也越来越不了解孩子，甚至担心孩子是因为有不好的事情才闭口不说的。

小伟的妈妈就是这一类父母，当看到孩子耷拉着脑袋的时候，询问的话里就带着审问的意味："是不是在学校闯祸了？"这样的问话，从一开始就激发了小伟对抗的情绪："我没有……老师就是看我不顺眼。"妈妈一听孩子说老师不对，立刻开始帮老师说话："老师管你是为你好。你上课不好好听课，说什么话？肯定是你先跟同桌说的，老师才罚你。"不等孩子解释完，妈妈就站在了老师一边，支持"老师是对的，小伟是错的"。既然妈妈摆明立场偏袒老师，小伟必然跟妈妈变成了对手，主张"老师是错的，我才是对的"，形成势不两立的状态："根本不是……不公平！"遭到小伟的强烈反抗后，妈妈改变了策略，通过"平时……""净给……"的总结性词语，直接给这件事盖棺定论，完全不让小伟再解释。最后，还搬出"写作业"来转换话题并压制小伟。可想而知，小伟心里一定不服气，充满了委屈。

小伟妈妈在看到儿子无精打采时，是出于对孩子的关心才询问的。只是她不懂得沟通的方式，虽然问出了儿子无精打采的原因，但还是引起了争吵，让两个人的谈话不欢而散。如果小伟妈妈能够运用共情的方式，换到小伟的立场想一想这件事情，可能就会有一番不同的谈话。

放学回来，小伟一直耷拉着脑袋没精打采的。妈妈等了一会儿看小伟没有说的意思，就试探着问："我儿子今天貌似不太开心啊，遇到什么事情了吗？"

小伟嘟着嘴："老师今天让我写检查，可是我同桌也说话了，老师却只让我一个人写。"

妈妈说："老师让你写检查，却没有让你同桌写，你觉得很委屈吧？"

小伟说："嗯，老师就是看我不顺眼。"

妈妈说："要是被老师看不顺眼，那日子可不太好过。这次你是觉得老师让你写检查，不是因为你说话了，而是因为她看你不顺眼，才会这样的吗？"

小伟说："……也因为我确实说话了。"

妈妈说："我很欣赏我儿子，能够勇于承担自己的责任，你同桌就失去了一次承担责任的机会。"

小伟说："好吧，我确实说了，写检查也不冤枉，妈妈，我去写检查了。"

妈妈说："好的，儿子，妈妈等你一起去锻炼。"

从上面的案例可以看出，共情不仅仅是单纯的换位思考，感受孩子的感受，帮助孩子疏导情绪，更重要的，还是要通过试探性和引导性的询问，启发孩子跟自己一起思考。只有正确的引导，才能将孩子带出情绪的泥潭，走向理性思考的阳光之道。等孩子想通了，他就不会一味地反驳别人或者找理由为自己开脱，转而接受和面对事实了。这时候，我们也不要忘记，要对孩子加以鼓励和赞赏！

同学是不是故意的——这才是共情

吃晚饭的时候，小涛指了指自己的下巴，妈妈看到弄破了一块，就问："这是怎么弄的呀？"

小涛说："同学给弄破的。"

妈妈说："同学可能不是故意的，你们是不是玩的时候不小心碰到了？一点儿小伤，没关系。"

"他就是故意的！"小涛不高兴地瞅了妈妈一眼。

妈妈忽然意识到自己没有共情。于是对儿子说："是不是有点儿疼啊？妈妈刚才那样说，你是不是觉得委屈了？"

小涛点点头："嗯。"

妈妈说："这个事情是怎么发生的？"

小涛说："我们几个在玩，那个同学一下子冲过来，就碰到我下巴了。"

妈妈说："那你觉得他是故意的吗？"

小涛想了想："可能他是想过来跟我们玩，不小心碰到我了，不是故意的。"

妈妈说："同学们一起玩，偶然碰到也是常事儿，男子汉，没关系，下次小心保护自己就行。"

小涛点头同意，又跟妈妈开心地聊别的事情了。

当小涛指着自己的下巴给妈妈看的时候，我们可以想象，一个孩子给妈妈看自己受伤的地方，内心是渴望妈妈关注、心疼一下，想跟妈妈撒撒娇，说说心里的委屈。而妈妈直接问"这是怎么弄的"，这是在追问责任，而不是在关心孩子。一听到妈妈要自己解释事情的经过和责任，孩子下意识地把责任推给别人，是"同学给弄破的"。在妈妈看来，这是小事一桩，没必要大惊小怪，也没必要因此而影响同学关系，于是下意识去"合理化解释"，以图小事化了。

然而"同学可能不是故意的"这句话，听在孩子心里就变了味道。现在下巴都磕破了，如果不是同学的责任，那不就是我的责任了？所以妈妈对同学的袒护，引发了小涛的反抗，小涛生气地对妈妈说："他就是故意的！"

小涛的妈妈是智慧的，她迅速察觉了小涛的情绪变化——小涛原本是想说说下巴被磕破的事情，现在却忽然带着赌气的语气责备同学是故意的。妈妈马上意识到这是由于自己的言语引发的，因为自己没有关心孩子，没有理解孩子，而是只想着小事化了。于是妈妈马上调整了自己的说话方式和态度："是不是有点儿疼啊？妈妈刚才那样说，你是不是觉得委屈了？"妈妈这句话，既表达了对孩子的关心，又传达给孩子：妈妈理解你此时此刻的感受。当孩子感受到被理解时，就愿意一五一十地去描述真实的过程。认真倾听了孩子的话之后，妈妈再启发孩子思考"那你觉得他是故意的吗？"这个时候的小涛就能够客观地评价他人了，他觉得同学好像也不是故意的，这件事没有多么严重，自己也不是特别的委屈。

很多时候，我们都急于让孩子认同我们的想法，甚至把自己的想法强加给孩子。但是我们越是强迫，孩子越是不愿意接纳，甚至为了反对我们的想法而找更多的理由和借口；而当我们跟孩子共情的时候，他感受到自己被理解，情绪也得到了疏导，这时候他就能够客观地评价是与非、对与错。甚至自己明明受了委屈，也能够选择原谅与和解。所谓"通情达理"，只有先"通情"，才能"达理"。我们要传递我们的思想和观点给孩子，首先就要接纳和理解自己的孩子，孩子只有感受到自己被父母认同，才会去认同父母。

小贴士：

换位思考：设身处地从孩子的视角看世界。

感同身受：感受孩子的世界。

情感回应：将你感受到的孩子的感受告诉他。

第四节　情绪——行为背后的秘密

星星之火——情绪的感染性

　　从上面的内容，我们认识到了共情在亲子沟通中具备神奇的力量。共情中"共"的这个"情"，也就是"情绪"，它虽然看不见摸不着，但是却像一条潜藏在我们身体中的暗河，从我们出生之日就流淌在我们的血液中，穿过我们的心脏、大脑，每天都会跑出来左右我们的行为举止，让我们哭，让我们笑，让我们体验各种酸甜苦辣。情绪与生俱来，它会伴随我们一生，谁也无法拒绝。生活中的各种体验，都伴随着情绪的起落，有时候我们能掌控情绪，但是有些时候却是情绪接管了我们。这条神奇的暗河，同样在每一个孩子身上流淌。当我们与孩子发生了矛盾，与其说是父母和孩子的冲突，不如说是父母的情绪在和孩子的情绪过招。所以，我们要想弄明白如何运用共情这个亲子沟通中的万金油，就要先对情绪这条暗河的特点做到了如指掌，只有这样，才能更好地去共情。即便如此，情绪这条暗河也太过变幻莫测，我们必须不断锻炼自己的觉察能力，才能更好地运用这些特点，让情绪按照我们的引导流淌。这一节，我们重点讲一讲"情绪"这个问题。

先让我们看一个案例：

小硕很不情愿地跟着妈妈走到幼儿园门口，碰见小红正抱着妈妈大腿使劲哭喊："我要妈妈……"小硕终于还是忍不住，大哭了起来。

妈妈说："刚才我们不是说好了吗？妈妈答应你下午第一个来接你。"

小硕大哭道："我要妈妈……"

不远处菲菲拉着妈妈的手蹦蹦跳跳走来，一到门口也开始眼泪汪汪了。

到了 3 岁左右，小朋友们就开始要上幼儿园了。小小的身影蹦蹦跳跳走到门口，却发现有个小朋友在哭哭啼啼，于是开始戚戚然，开始舍不得妈妈，开始掉眼泪。这样的场面在各个幼儿园门口日日上演。特别是头一年上幼儿园的孩子，如果看到其他小孩在哭泣，马上就会引起连锁反应，许多孩子开始抱着妈妈不放，并且大哭起来。其实这并不是哭泣这个行为会蔓延，而是孩子们的情绪被其他小孩所感染，形成一种"情绪氛围"，造成了整个班级的孩子都开始大哭起来。

不只是哭泣这种情绪具备感染性，我们熟悉的喜、怒、哀、惧等各种情绪，统统都具有感染性。比如，我们去参加欢乐派对，一看到那个热闹的场面，看到好多好多笑脸，自己的心情也欢快起来；我们进入烈士陵园，马上就感觉庄严肃穆；考试马上要开始了，老师在不停地看表，同学们会觉得紧张起来。

情绪在人群当中会形成情绪氛围，会感染处于这个情绪氛围中的很多人。越是情绪觉察能力强的人，越容易被感染。而我们的孩子们天生就是情绪觉察专家，因此他们非常容易被感染。父母决定着一个家庭的"家庭情绪氛围"，如果爸爸妈妈吵架、冷战，孩子就会大气不敢喘；如果爸爸妈妈每天嘻嘻哈哈，孩子就会乐天阳光。

既然我们知道了情绪具备感染性的特点，那么作为父母，我们给孩子提供的"家庭情绪氛围"，会直接影响着孩子的情绪状态。

到底是谁先生气的——情绪的传递性

下班后，爸爸先接上妈妈，然后准备一起去接孩子。一上车妈妈就有些兴奋地说道："你知道吗，我们有个同事休年假去法国玩了，她说法国可漂亮了。你说，如果我们休年假，去哪里玩呢？"

爸爸板着脸，一声不吭。

妈妈扭头看爸爸："你这人怎么回事？跟你说话呢！"

爸爸依然板着脸，车开得飞快，转弯的时候发出尖锐的刹车声，妈妈身子一歪撞在车门上，大声冲爸爸喊："你不能开慢点吗？撒什么疯啊？跟你说话也不理人，招你惹你了！"

两个人都气鼓鼓不再说话。

到了小饭桌，发现附近没有停车位，爸爸把车停在马路中间，不耐烦地说："你快去快回！"

妈妈一脸不高兴地进了小饭桌的门。

女儿看到妈妈来了，特别兴奋："妈妈，我们班今天比赛200米，我得了小组第一名，这是我第一次得第一名！"

妈妈根本没有心思去听，说："你快点收拾，爸爸没地方停车挡着路呢，你快点！"

女儿嘟着小嘴开始闷头收拾书包。妈妈一边向窗外张望，一边说："你能不能快点啊？要不我帮你收拾吧。"

女儿一声不吭草草收拾完跟在妈妈身后出了门。

女儿打开车门，爸爸勉强对女儿挤出笑容，说："宝贝放学啦，今天学校有什么开心的事情吗？"

女儿瞥了爸爸一眼，大声说："一点儿都不好玩！"

爸爸脸上的笑容瞬间就僵在了那里。

一家三口，一个接一个地生气，生气这个情绪是从哪里开始的呢？爸爸去接妈妈的时候其实已经生气了，妈妈当时很高兴，没有感觉到爸爸正在生气，还拉着爸爸闲聊，结果没有得到预期的回应，妈妈才觉得不太对劲儿。但是妈妈没有尝试去接纳爸爸的情绪，而是对爸爸没有回应自己产生了不满，再加上车拐弯的时候妈妈被吓到了，于是不满迅速地升级为生气，妈妈开始跟爸爸赌气——这时候，爸爸生气的情绪悄悄传递给了妈妈。

妈妈带着刚刚从爸爸那里传递过来的生气情绪去接女儿，虽然女儿想和她分享自己得第一名的喜悦，但是妈妈完全不回应，她只是一味地催促女儿快点儿收拾书包，让原本充满喜悦之情的女儿嘟起嘴，不再说话了。

带着刚刚从妈妈那里传递来的生气情绪，女儿打开车门进了车。当爸爸努力挤出笑容跟女儿打招呼的时候，女儿正好一肚子的生气情绪没处安放，于是大声说："一点儿都不好玩！"又成功地把生气的情绪传递回爸爸。这个叫作"生气"的情绪，在一家三口身上刚好形成了一个循环。爸爸最后僵在脸上的笑容提醒我们：情绪具有感染性，能够在人与人之间传递，而且这个传递的特点有一些规则，往往会从较强的一个人传递给较弱的一个人。这种现象在心理学上叫作"踢猫效应"：当一个人有不满情绪时，往往会找一个比他社会地位低，或者能力低的人去发泄。在家庭中，往往是丈夫向妻子传递，父母向孩子传递，就像我们看到的案例当中，爸爸传递给了妈妈，妈妈又传递给女儿。但是爸爸比较宠女儿，于是女儿又发泄给爸爸，形成了一个非常接近"踢猫效应"原型的真实案例。

我们知道了情绪具备传递性这个特点，那么如何好好应用呢？这就要求父母尽量不要把工作上的不开心带回家，也要有意识控制自己，别把自己的糟糕情绪发泄到弱小的孩子身上。我们也可以正向应用情绪的这个特点，比如孩子情绪比较低落，父母可以向孩子展现自己的积极乐观，这样就会把积极乐观的情绪传递给孩子。另外，提醒各位家长，当我们看到孩子出现不好的情绪时，也要考虑他是否是被他人传递的，综合判断孩子的情绪，才能更好地共情。

"踢猫效应"原型故事：

一个父亲在公司受到了老板的批评，回到家就把沙发上跳来跳去的孩子臭骂了一顿。孩子心里窝火，狠狠去踹正在他身边打滚的猫。猫逃到街上，正好一辆卡车开过来，司机赶紧避让，却把路边的老板撞伤了。这就是心理学上著名的"踢猫效应"，描绘的是一种典型的坏情绪的传染所导致的恶性循环。

用你打我时那么大的劲——情绪的记忆持久性

6岁的小露要玩荡秋千，让妈妈推她。

小露说："妈妈，你使点儿劲。"

妈妈加大了力气。

小露继续说："妈妈，你再使点儿劲。"

妈妈又加大了力气。

小露还不满意："妈妈，不够高，你再使点儿劲。"

妈妈："你到底要我使多大劲啊？"

小露说："就像我小时候你打我那么大的劲！"

妈妈听了，感觉有些惭愧，自己只是在孩子3岁前打过她，没想到孩子到现在还是记得。

妈妈一直以为孩子小，记不住事情，所以打孩子这件事自己都忘了，但是数年之后，还是被孩子点了出来。

一件事情的发生，我们的大脑会记住当时的情景以及事情发生的经过等"认知记忆"，还会记住当时所引发的强烈情绪、情感体验等"情绪记忆"。有时候，我们把发生的事情的具体内容忘记了，但是它产生的情绪效果却能一直保留在记忆深处。如果我们去采访一些成年人，问问他们小时候记忆最深刻的事情，很多人都会说："我记得，有一次我爸爸打我，虽然我不太记得是因为什么挨打，但是我记得当时我爸打我打得特别疼，我都快被吓死了。"

"情绪记忆"比其他记忆更牢固也更持久，这是情绪的一个特点。我们要特别注意这个特点，因为对于我们的孩子来说，现在每天发生的事情，都是在构建他们的回忆，他们将来有可能不再记得现在发生的事情，但是这些事情带给他们的情绪体验，特别是一些不良的情绪体验，会依然影响着他们。所以，无论我们的孩子现在处于什么年龄，我们都不要掉以轻心，我们要认真面对当下发生在孩子身上的每一件事情、每一个情感体验，要多帮助孩子记住一些愉悦的情绪，忘掉那些伤痛的情绪。

牙签撒了一地——情绪的信号作用

爸爸妈妈带着9岁的女儿和7岁的儿子去朋友的酒庄参加聚会。见到那些形状各异的酒具，两个孩子都非常兴奋。爸爸妈妈忙着跟朋友聊天，就让孩子们自己去参观。

爸爸妈妈正聊着，忽然听到"啪"的一声。几个大人同时向两个孩子看过去，只见地上满是散落的牙签。姐弟两个惊慌失措地看着爸爸妈妈，站在那里一动也不敢动。妈妈刚想说话，爸爸做了一个手势阻止了妈妈，一边走向孩子们，一边说："这一地的牙签，忽然让我想起小时候玩的一种游戏！恐怕你们两个需要先跟叔叔道歉，然后我们把这盒牙签买下来，才能一起玩这个游戏。"

两个孩子你看看我，我看看你，从惊慌失措的状态缓过劲来，马上说："对不起叔叔，我们不该乱碰。"

爸爸蹲下来，捡起一根牙签："来，我教你们！"

妈妈和朋友们都笑起来，刚刚发生的一幕好像很快就过去了。

在公共场合或是朋友面前，很多父母都特别在意自己的面子，都希望自己的孩子能给自己"长脸"。可是孩子毕竟是孩子，他们来到新的环境，总会有一些小兴奋，还有一些"人来疯"，所以经常会因为毛手毛脚、大意鲁莽而制造出麻烦。很多父母都会当着朋友的面斥责孩子，以为这样能够显示出自己是"管"孩子的，是负责任的家长，完全不顾忌孩子的感受以及情绪。但是家长们的这种做法经常事与愿违，很多孩子被当众批评后感觉自己颜面受损，便大吵大闹起来，让父母更加丢面子，最终尴尬收场。

其实，孩子并不是一开始就大吵大闹的，孩子的情绪往往也有一个升级的过程。如果父母善于捕捉孩子所发出来的情绪信号，做出准确的回应，就能够在孩子情绪升级之前将问题化解，避免自己更丢面子。

案例中的爸爸就非常具有智慧，当孩子们出现"惊慌失措、站在那里一动也不敢动"的表现时，他感受到了孩子向大家发出了情绪信号：我们吓了一跳、我们弄坏了东西、我们不是故意的、我们很害怕、我们错了……爸爸捕捉到了孩子们当时的情绪，快速对整个局势做出判断，他阻止了妈妈说话，巧妙地用玩牙签游戏的建议，化解了孩子们的尴尬。同时，他引导孩子们向叔叔道歉，并且要把散落在地的牙签买下来，让孩子们明白要为自己的错误承担责任。

情绪具备信号作用，一旦我们内心中产生情绪，即便我们不说出来，我们的表情、神态、动作，都在向外传递这些信号。甚至说，我们想不表露我们的情绪都难。父母如果能够用心观察孩子，对孩子所发出来的各种情绪信号保持敏感，并尽快做出准确的回应，就不会再觉得孩子"不听话""无理取闹"了。

豆芽的梦想——情绪的动机作用

早晨妈妈送9岁的女儿去上学，两个人一边走一边聊天。

豆芽对妈妈说："妈妈，我觉得你今天穿的衣服不好看，外衣和毛衣颜色不搭，毛衣又太长，跟你宽松的裤子也不搭。"

妈妈白了女儿一眼："妈妈是为送你上学随便穿的，等会儿回家就换。女儿你这么喜欢琢磨服装搭配，以后适合做服装设计师啊。"

豆芽："不，我以后要回我们学校当老师！"

　　妈妈瞬间为女儿崇高的理想感动了，刚想表扬女儿几句，却听女儿说："你还记得我跟你说过的那个会议室吧？那个会议室只有老师能进的。我要是当了老师，就能知道那两个神秘的门都是通向哪里，还有那条向下的木楼梯……"

　　"我的梦想"是一个永恒的小学作文题目。我们在成长的过程中，无数次被父母、老师、亲朋好友们问起："将来你长大了，想做什么啊？你的梦想是什么？"小时候我们最爱说的都是"科学家""老师""飞行员"等，仿佛一定要有一个崇高理想才是有志少年。很多父母都在用自己内心中的期待规划孩子的未来，恨不能孩子都能按照计划完成任务，这样父母们才算尽到责任。

　　豆芽妈妈也不例外，聊天聊着聊着就奔着孩子的将来去了。因为孩子说自己衣服搭配得不够好看，就想要诱导孩子树立一个理想——长大后当服装设计师。然而豆芽有自己的想法："我以后要回我们学校当老师！"任何一个妈妈听来，这都是一个无限崇高和完美无瑕的理想，所以豆芽妈妈立刻感动得一塌糊涂，觉得自己的孩子真的是太上进了。然而，妈妈完全想错了。

　　豆芽想当老师的梦想其实只源于两个字——好奇！

　　没错，就是好奇！好奇是一种强烈的情绪，好奇这个情绪会让人产生无限的遐想，并充满冲动想要去探索。有时候，我们排除万难，努力付出行动，就是因为好奇，想把事情搞明白，想要一睹为快！

　　情绪具备强大的动机作用，它驱使我们得出结论、做出选择。不论我们是哭还是笑，是斗志高昂还是自暴自弃，都受一些情绪动机所驱使。当我们看到孩子的一些行为时，不要马上就发怒，而是要认真想一想，孩子做出这些行为的动机是什么，他现在感受到了一种什么样的情绪。除此以外，我们也可以利用情绪的动机作用，鼓励和激发孩子的上进心以及斗志，给孩子一些助力。学会智慧地运用情绪的动机作用，无论是对家长，还是对孩子，都裨益无穷。

小江不是故意的——情绪适应作用被剥夺

　　5岁的小江和邻居莉莉跑着玩，一不小心把莉莉撞倒了。莉莉磕破了膝盖，大哭起来。

　　小江妈妈赶紧跑过去把莉莉抱起来，掏出一块糖给莉莉："莉莉不哭，不要生小江的气，小江也不是故意的，对吧？小朋友一起玩，一不小心受伤很正常的。莉莉不哭了啊，你和小江还是好朋友……"

　　小江却仿佛没事人一样，自顾自地跑去一边玩了。

　　小朋友们在一起玩的时候，一旦有冲突发生，或者某个孩子哭了起来，父母们总是喜欢充当"救世主"，立马赶过来帮孩子化解冲突，安抚受伤的孩子，避免事态继续发展。很多父母不约而同会采用以下一些方式：

　　物质贿赂，收买孩子，以达到安抚作用；

　　做出承诺，答应补偿，以达到安抚作用；

　　打抱不平、训斥引发冲突的孩子，让受委屈的孩子得到补偿，以达到安抚作用；

　　找理由、找借口，帮引起冲突的孩子"开脱"，给受委屈的孩子一个"合理化解释"。

　　案例中的小江妈妈就采用了第一招和第四招。小江撞倒了莉莉，使莉莉磕破了膝盖，这显然是小江的错。可是妈妈迅速把莉莉抱起来的同时

"掏出一块糖",这第一招就开始了。然后,她又使用第四招"小江也不是故意的""一不小心受伤很正常的"。妈妈怎么就能确定小江不是故意的呢?即便不是故意的,就不应该承担责任了吗?妈妈一心想要帮助儿子化解当前的冲突,一心想要维护儿子,使得她不去追求真相,也忘了告知儿子要承担责任。

既然小江的过失有妈妈出面来帮忙摆平,那么小江就无须费心了。莉莉因为被撞倒受伤而大哭,如果妈妈引导小江感受到莉莉的感受,小江应该产生内疚的情绪,这种内疚的情绪就会驱使他去做点什么,比如向莉莉道歉,或者把莉莉扶起来。但是由于妈妈的出面,小江还没来得及产生这种情绪,事情就由妈妈摆平了。甚至因为以前多次出现妈妈充当救世主的情况,小江早就习惯了惹了祸由妈妈去解决,自己根本不需要产生内疚的情绪。于是,他像没事人一样自顾自跑去一边玩了。

情绪具备适应作用,只有让孩子体验到自己的行为所带来的各种感受,孩子才会自发地针对那些情绪进行自我行为的调整,就像为了避免害怕而把灯打开,为了避免紧张而深呼吸一样。每个孩子都是在体验当中学会各种技能、办法以及知识,学会如何面对问题、解决问题的。

然而,有些父母包办和替代了这些工作,让孩子就失去了一次体验的机会,从而导致情绪的适应作用发挥不出来。这样做是不利于孩子成长的。因此,我们做父母的,要放手让孩子去体验、去感受,每次冲突发生时我们都应该这么想:"太好了,这些感受又能给孩子一次成长的好机会!"

悠悠球引发的家庭故事——情绪适应作用

　　弟弟在玩悠悠球，虽然妈妈提醒过他在屋子里玩比较危险，可是弟弟丝毫不听，依然在屋里甩来甩去。这时候姐姐刚好跑过来，悠悠球一下子打到了姐姐的手上，姐姐的手流血了。

　　刚才还上蹿下跳的弟弟立刻变得安静下来，站在那里不知所措，双手紧张地握在一起，嘴里想说什么又不知道说什么，呆呆地看着哭起来的姐姐。

　　妈妈闻声赶来，一看姐姐手破了，立刻大吼弟弟："我刚才有没有跟你说过这很危险？你看看，把姐姐的手打破了吧？你就是不听话，还不赶紧跟姐姐道歉！"

　　弟弟小脸一扬："谁让她忽然跑过来，我又不是故意的！"

　　多子女家庭中，很多父母都疲于处理孩子之间的冲突和矛盾。如果处理不当，往往会加剧孩子之间的对立情绪，从而制造更多的隔阂以及矛盾，造成子女之间以及亲子之间冲突加剧。所以，多子女家庭更要注重对孩子的情绪觉察，冷静面对孩子们的每一件"小事情"。

　　案例中的姐姐和弟弟就发生了一件这样的"小事情"：一个玩悠悠球没注意安全，一个被误伤了手，妈妈介入当中进行处理。妈妈处理这件事的方法，直接影响着事态的发展。

　　首先，我们应该看到，这件事的责任人是弟弟。妈妈提醒过他在屋子里玩会有安全隐患，但是他完全没在意，结果误伤了姐姐。

　　其次，我们也应该看到姐姐受伤后弟弟的变化"立刻变得安静下来，站在那里不知所措，双手紧张地握在一起，嘴里想说什么又不知道说什么，呆呆地看着哭起来的姐姐"。这些变化都是弟弟内心感受到的情绪所发出来的信号，这些变化意味着弟弟感知到自己做错了事情，感知到内疚，所以变得有些手足无措。

最后，我们也应该看到，妈妈在处理这件事的时候，犯了一些错误。妈妈完全没有去观察此时此刻弟弟所表现出来的情绪信号，而是直接由着自己生气的情绪去责备弟弟："我刚才有没有跟你说过这很危险？你看看，把姐姐的手打破了吧？你就是不听话，还不赶紧跟姐姐道歉！"这种责备对一个已经感受到自己做错事的孩子来说，立刻激发了他的自我保护意识以及对立情绪，于是弟弟瞬间从一个手足无措的做错事的小孩，变成了一个备战状态、开始为自己的行为寻找理由和借口的孩子："谁让她忽然跑过来，我又不是故意的！"我们常说"恼羞成怒"："我知道我错了，我很内疚，而你却没看见我的内疚和羞愧，还使劲责备我，于是我的情绪由内疚变为委屈，最后由委屈变为愤怒——即便我有错，我也不该被如此对待！我需要为自己辩护！我才不管我做得对还是不对！"上文中的弟弟，就发生了这样一系列的变化。

我们知道情绪具备传递性，妈妈对弟弟发火，这情绪会传递给弟弟，让弟弟原本因为事情本身所产生的内疚感烟消云散，取而代之的是不被理解的痛苦、不被原谅的愤怒。于是新的情绪控制了弟弟，让弟弟开始进行反击。这时候，新的亲子冲突开始产生，弟弟的做法不仅加剧了姐弟间的矛盾，还会引发他和妈妈之间的矛盾。而这一切，都源于妈妈没有更好地觉察弟弟所发出来的情绪信号，没有给孩子机会去做出弥补和调整。

如果妈妈能够有智慧地处理这个事情，可能会是完全不一样的结果，我们假设事情是这样发生的：

弟弟在玩悠悠球，虽然妈妈提醒过他在屋子里玩比较危险，可是弟弟丝毫不听，依然甩来甩去。这时候姐姐刚好跑过来，悠悠球一下子打到了姐姐的手上，姐姐的手流血了。

　　刚才还上蹿下跳的弟弟立刻变得安静下来，站在那里不知所措，双手紧张地握在一起，嘴里想说什么又不知道说什么，呆呆地看着哭起来的姐姐。

　　妈妈闻声赶来，先是认真观察了姐姐手上的伤口，然后看了看弟弟，平心静气地说："别光看着，快帮姐姐拿创可贴过来。"

　　弟弟像是得到了赦免令，飞快跑去拿了创可贴回来，小心翼翼地跟姐姐说："姐姐，我不是故意的，我帮你贴创可贴行吗？"

　　这一次妈妈用心观察了弟弟所传递出来的情绪信号。妈妈知道孩子已经意识到了自己错了，这种时候最好的办法不是指责批评逼着孩子道歉，而是让孩子承担责任做出弥补，于是妈妈提醒弟弟"快帮姐姐拿创可贴"。

　　妈妈并没有责备弟弟，而是先让弟弟稳定一下情绪，为他提供了调整和弥补的时间以及空间。弟弟自己所产生的内疚情绪，让弟弟非常愿意去跟姐姐道歉，愿意为姐姐贴创可贴，以弥补自己的过失。这一切，都是弟弟发自内心去适应他自己的内疚感受所产生的主动行为，这些行为能够促进弟弟和姐姐之间的情感，同时化解矛盾，赢得原谅。这样的结果，会让一个看似不好的事情变成一个好事。这中间发生作用的，是我们成人表现出来的宽容以及理解，我们允许孩子去适应他内心的感受，让他做出正确的选择，获得一次成长体验。

　　每个人的情绪都是与生俱来的，具备感染性、传递性，且令人记忆深刻。情绪不仅能够向他人传递信号，还能够帮助我们不断矫正自己的行为，从而适应我们不断变化的情绪。

　　我们每个人都受情绪左右，无论多小的孩子，都有情绪的变化。我们爱一个孩子，想建立良好的亲子关系，就要用心去觉察孩子的情绪，并且尊重和接纳他的情绪。我们要信任自己的孩子，允许他充分体验各种感受。这样，我们的孩子就能健康快乐地成长。

第五节　爱是无条件的——信任与接纳

你只要好好学习——有条件的爱

每个孩子都是因父母而来，但是却不是为父母而来。他来到这个世界，从一开始就是一个独立的个体，他有自己独立的意识活动，也有与生俱来的独立的情绪和感受。因此，任何一位父母都无法代替孩子去感知世界，也无法代替孩子成长。

但是很多父母，认为自己要对孩子负责，于是打着"爱"的名义，把自己对孩子的期望，转变为对孩子的要求。当孩子没有符合父母的要求时，很多父母不接纳孩子的不足，于是提出更多的要求，让孩子去达成。这样做，其实不是真的爱孩子。

下面，让我们看一个案例：

10岁的小凯放学回家，对妈妈说："妈妈，我回来啦！"

妈妈说："好呀，吃点儿西瓜去写作业吧。"

小凯说："好的。"

妈妈把切好的西瓜拿给小凯，小凯吃了两块就去写作业了。妈妈把小凯吃过的瓜皮收拾一下，然后去给小凯洗衣服。

过了一个小时，小凯把作业写完了，他问妈妈："妈妈，我写完作业了，可以看动画片吗？"

妈妈问："你语文写完了吗？"

小凯说："写完了。"

妈妈接着问："数学呢？英语呢？"

小凯说："都写完了。"

妈妈说："那也不能只知道看动画片，再去背10个单词吧。"

小凯无可奈何地去背单词了。

窗外几名同学正在踢足球，其中一名男同学跑过来敲门，对小凯妈妈说："阿姨，我想找小凯一起玩。"

妈妈说："他还没有背完单词，等一会儿他会背了再去找你们玩吧。"

那名同学和小凯做了一个鬼脸，扭头跑去玩了。

小凯也想去玩，对妈妈说："妈妈，单词我已经会背啦，我想出去玩一会儿。"

妈妈说："哦，宝贝，妈妈很爱你，妈妈知道你想出去玩。但是儿子，现在社会竞争这么激烈，你要多学知识，多学本领，长大才能有出息。听妈妈的话没有错。再去做三张口算卡片，你只要好好学习，妈妈这就给你做好吃的。"

小凯不高兴地坐在桌子前，拿着笔在口算卡片上无聊地滑来滑去，半天也没有写一个字。

作为父母，我们都希望把孩子培养成才。当前的社会大环境让高考、学历变得非常重要，于是很多父母从小就对孩子的学习抓得很紧。小凯妈妈就是这样的一位用心良苦的妈妈。

我们看到小凯一回家，妈妈就给小凯拿西瓜；小凯写作业的时候，妈妈在帮小凯洗衣服。看得出来，小凯妈妈是一位勤勤恳恳的妈妈，并且很爱小凯。而小凯一回家就独立完成作业，说明小凯也是个比较自觉的孩子。

但是当小凯写完作业，提出想看动画片的时候，妈妈一科一科地询问儿子是否都写完了，表现出对小凯不够信任。发现小凯确实把作业都写完了，为了阻止小凯看动画片，妈妈又提出再去背10个单词。小凯虽然不太情愿，但是选择了顺从。我们通过这个过程可以看到，妈妈在控制小凯的学习安排，一心想让孩子多学习，其他的事一概不要去做。面对妈妈的控制，小凯表现得非常无奈，显然已经习惯了被妈妈控制。

当同学过来找小凯一起去踢足球时，妈妈直接替小凯拒绝了邀请，理由是小凯还不会背单词。小凯尝试为自己争取一下，对妈妈说："我会背了，我想出去玩。"这一次，比上次看动画片的意愿更为强烈，但是妈妈也采取了更为强烈的阻止方式。妈妈先对小凯进行情感绑架："宝贝，妈妈很爱你，妈妈知道你想出去玩……"接着又摆事实讲道理："但是儿子，现在社会竞争这么激烈，你要多学知识，多学本领，长大才能有出息。听妈妈的话没有错。"最后，又对儿子提出要求，同时用贿赂的方式对付儿子："再去做三张口算卡片，你只要好好学习，妈妈这就给你做好吃的。"我们从妈妈这几句"深情表白"中，强烈感受到了这份爱是如此沉重，沉重到小凯不得不服从。这份爱里面，表现出的是对儿子的不信任，也没有接纳孩子的合理需求，这是一份让孩子负担不起的有条件的爱。

而这份爱，已经让小凯习惯于服从，习惯于不坚持自己的需求，习惯于即便心中不愿意，依然委曲求全，不敢反抗。这份有条件的爱，让小凯失去了自由，失去了独立想法。这份有条件的爱，对孩子是一种禁锢。

　　孩子生来就是独立的个体，而太多的父母把孩子当作自己的宠物、私有品、附属品，让孩子只能按照自己的意愿行事。长此以往，有的孩子渐渐放弃了自我，习惯于依赖父母；有的孩子始终在反抗，与父母的亲子关系变得非常糟糕；有的孩子压抑很久，终于冲破牢笼，却迷失在陌生的社会当中……无论如何，有条件的爱，不信任、不接纳的爱，对孩子都是不可承受之重。

我就知道你记不住——不信任孩子

　　早晨，妈妈把200元钱塞进军军的书包，嘱咐军军说："军军，你千万别忘了把这200元午餐钱交给老师，一到学校就给老师啊，别弄丢了！"

　　军军说："好的。"

　　吃早餐的时候，妈妈一边吃，一边唠叨说："军军，刚才我嘱咐你的事情还记得吗？"

　　军军说："记得，给老师钱。"

　　妈妈说："嗯，千万别忘了啊，一到学校就给，不然你又要弄丢了。要不要我给你写个条儿提醒你？"

　　军军说："不用。"

　　妈妈一边吃饭，一边又和爸爸唠叨起来："军军这孩子总是丢三落四的。我说给他写个纸条，他还不愿意。"

　　爸爸说："你都说了好几遍了，他应该记住了。"

　　妈妈说："我估计他一会儿还是会忘。"

　　临出门，军军站在门口迟疑了一下，然后对妈妈说："妈妈，要不你还是给我写个条儿吧，我怕我忘了。"

　　妈妈说："我就知道你记不住。"

　　自从妈妈把钱放进军军包里，她就认定孩子会忘记，所以从一开始就强调"千万别忘了……一到学校就给老师啊，别弄丢了"。这是强烈的不信任。尽管军军答应说"好的"，但是没过一会儿，她就又"拷问"了一遍，又嘱咐了一遍，甚至想帮军军写个纸条做提醒，完全不理会军军说"记得""不用"。吃饭的时候，她还对爸爸强调"这孩子总是丢三落四""我估计他一会儿还是会忘"。这强大的"标签"和"念力"就像魔咒一样深深笼罩着军军，让军军再也无法相信自己了。

　　在第一遍妈妈说"要不要我给你写个条儿提醒你"的时候，孩子还比较有信心，说"不用"。当妈妈不断贴标签，说"这孩子总是丢三落四""他一会儿还是会忘"时，妈妈种种行动都朝着"担心、预防、替代"的方向走，这就强化了孩子的这一特点，孩子最后真的就迟疑了："还是给我写个条儿吧，我怕我忘了。"于是妈妈一副预言成功的样子："我就知道你记不住。"这就又传递信息给军军：你就是个丢三落四的孩子。这些负面的评价和标签，像沉重的大山一样，压着孩子，让孩子失去信心。

　　我们每一位做父母的，都期待孩子样样都好。即便我们的担心、害怕、不放心，都是期待孩子能变得更好，但是最后却可能好心做坏事，让自己的一切预言都成真。上文中的妈妈不断强调军军丢三落四，最后军军真的可能会成为一个丢三落四的孩子。

　　贴标签具有一种神奇的力量。孩子对自己最初的认知，基本上都是来自于父母的评价。当妈妈总是认为孩子丢三落四时，孩子渐渐也会认为自己真的丢三落四，于是逐渐符合了丢三落四的标准。父母越是不断"预防、替代"，孩子就越加重这一特质，于是父母的"预言"不幸成真。殊不知，孩子的这些坏习惯，都是父母一手制造的。

心理学上有个著名的"罗森塔尔效应"，它会告诉我们怎样给孩子贴"标签"才是对的。

罗森塔尔教授是美国著名的心理学家，他曾经做过一个著名的实验：他来到一所学校，煞有其事地对该校的小学生进行了一番智力测验。然后在学生名单上圈了几个名字，告诉教师们说，这些学生智商非常高，以后会成为栋梁之材。过了一段时间，罗森塔尔教授又来到这所中学，奇迹发生了，那几个被他选出的学生现在真的成了班上的佼佼者。罗森塔尔教授这时才对他们的老师说，自己对这几个学生一点儿也不了解，只是随机抽取的孩子。这让老师们很是意外。

为什么会出现这种现象呢？是期望和信任这一神奇的魔力在发挥作用。罗森塔尔教授是著名的心理学家，在人们心目中具有很高的权威，老师们对他的话深信不疑。正是因为老师对这几个孩子表现出积极的期望，而这几个孩子也感受到了老师的期望和信任，他们相信自己是最优秀的，绝对不会让老师失望。于是，他们的自信心提高了，同时对自己的要求也提高了，最终，他们真的成了优秀的学生。

这就是信念的力量！

我们作为孩子的父母，是孩子心目中的权威，只有我们发自内心相信孩子一定行，一定会越来越优秀，孩子才能如我们期望，朝着更好的方向努力。爱孩子，就对孩子充满信任吧，孩子必不负你！

你从哪里抄的——不信任孩子

晚上吃饭的时候，上初中的小红兴奋地跟爸妈说起学校里的事。

小红说："这次期中考试我进步了50多名！老师点名表扬我了！"

爸爸说："就你在家这懒散样儿，学习还能进步？说吧，抄的谁的？"

小红听了不高兴地说："我才没抄别人的呢！我这次进步是因为作文写得好，老师还把我的作文当范文念了！"

爸爸说："哦，是吗？！那你作文从哪里抄的？"

小红拉下脸："你除了知道抄还知道什么！"

小红这次考试前进了50多名，满以为自己会得到爸爸的赞赏，结果却被爸爸怀疑考试成绩是抄袭来的。即便她把成绩单摆在了爸爸面前，即便连老师都表扬了她，还把她的作文当作范文念了，这一切在爸爸眼中也根本不足为证。小红非常强烈地想得到爸爸的认可，但是爸爸全然不相信自己的孩子，一再说孩子的成绩是抄来的。这对小红来说，不仅仅是伤害，更是打击。

父母的评价对孩子的自我认知有着巨大的影响。父母认为他不行的时候，他会真的认为自己不行。即使他当时很生气，和父母产生关系上的对抗，但是潜意识深处仍会认可父母对他的评价，并把这些评价变成自己的认知。

认为孩子不行，就是对孩子的一种"诅咒"！孩子最终真如父母所说，变得"不行"了。在我的咨询课上，经常有父母说：我的孩子不知为什么，总是破罐破摔。这是因为父母总把他当成破罐，时间久了，孩子对自己失去了信心，就真的变成破罐了。

"即便整个世界都不相信我，至少还有爸爸妈妈支持我"，父母的信任和支持，是孩子建立安全感以及自信的基础。一位父亲曾经对孩子这样说："孩子，我对你的世界了解不多，但我信任你。"这句话，是一股来自内心的爱的力量，会让孩子受到莫大的鼓舞！

信任是一种力量，信任是一种鞭策，信任是一种鼓励，信任是最大的尊重，信任是最深沉的爱。对于孩子来说，父母的信任能够让他们变得更自信，更自爱，成为更好的自己！

小高的选择——爱他就让他做自己

小高大学即将毕业，在爸爸的帮助下在一家国企实习，做造价员的工作。小高不是很喜欢这份工作，于是不断地投递简历，寻找自己喜欢的工作。在通过一家公司的面试后，小高找到了父亲。

小高说："爸，我通过了一个编辑岗位的面试，你能不能帮我去说一下，原来那份工作我不想干了。"

爸爸说："造价员的工作多好啊，你知道现在建筑行业多么缺造价员么？"

小高说："我一点儿也不喜欢这份工作，每天对着电脑做加减乘除，一点儿意思也没有。每天做这种重复性的工作，不仅烦，而且累。"

爸爸说："编辑也不是个轻松活儿啊，动脑量肯定比造价高。"

小高说："但是我高兴啊！我回家以后心不累啊！"

爸爸说："做编辑将来能有什么发展？你听我的，老老实实做造价员，先考二级建造师，再考一级建造师，然后拿下注册造价师，以后，你就可以当项目经理了。到那时，一个项目下来就能换辆车。"

小高说："我不想在建筑行业干下去了。你知道走在铁路的枕木上什么感觉吗？迈不开腿，走不快，方向还不能自己掌握。我喜欢那种具有挑战性、每天面对不同境况的工作！做编辑挺好的，我写的东西也不赖，从小学开始，我的作文不一直是范文么！"

爸爸生气地说："别人家的孩子都盼着父母给自己找一份安稳的工作，我帮你找了，你却不想去！机会只有一次，你现在要走，再回来就没有可能了！"

小高说："不可能就不可能吧，让我在建筑业这条条框框这么多的行业干下去也是受罪！"

爸爸发狠话说："将来在外面没工作的时候别回来找我们就行！"

小高说："我喜欢的工作，跪着也要干下去！"

对于小高来说，同样是每天面对电脑，可是心态完全不同。在做预算的时候是痛苦的，每个钢筋、混凝土的数字在他眼睛里是扎眼的，回家以后非常疲惫；可在编辑的岗位上，他是兴奋的，在字里行间的穿行能够让他感觉分外惬意。

有些父母对孩子有很多的期待，希望孩子能完成自己的愿望。还有很多的父母把自己未完成的理想、自己的遗憾，强加到孩子身上：有的父母自己没考上大学，就一定要孩子考上大学；有的父母喜欢音乐，但是以前没有时间或金钱去学习，就逼着孩子去学音乐……很多父母都为自己的孩子规划出一条光明大道，觉得孩子按照自己的安排去做就能过得幸福。但是孩子有自己的爱好，也有自己所认为的幸福。

爱孩子就允许孩子做他自己！父母所认为的幸福，所认为的光明大道，未必是孩子要的！你所认为的受苦，在孩子看来，也未必是受苦。就像传说故事中的七仙女，她嫁给了董勇，从天上的锦衣玉食到人间的粗糠淡菜，在别人看来，这种生活很清苦，但是她自己觉得很幸福。

再者，父母给孩子所选择的，未必真的适合孩子。就像上文中的小高，他看到造价的数字就头疼，即使按照爸爸的要求干下去，最终也很难干出成绩。而他真心喜欢做编辑，没准就能在这个领域有一番作为。兴趣是最好的老师，学成匠，玩成师，让孩子选择他自己喜欢的，没准就能成为大师。

爱孩子，就要关注他内心的感受，信任他的能力，接纳他的选择。爱是无条件的信任和接纳。

第六节　宽严有度是真爱

家庭大扫除——对态度严，对技能宽

有的父母可能会问：教育孩子，需要高质量的陪伴，需要共情，需要理解和接纳他的情绪，需要无条件的爱和信任，那么当孩子做错事的时候，我们是不是也要一味忍让呢？孩子想怎么样就怎么样，那不是溺爱了吗？这个问题问得非常好，父母对孩子的爱是无条件的，但是必须是有原则、有底线的。爱的原则和底线是什么呢？那就是宽严有度！怎样才能做到宽严有度呢？让我们一起通过下面的案例来感受一下。

周六，按照惯例全家人大扫除，每个人负责自己的房间。于是说做就做，大家开始分配工具。

9岁的哥哥和5岁的妹妹每人拿了一个扫帚，各自回自己的房间打扫。爸爸把自己的房间打扫干净之后，发现两个孩子还没打扫完。爸爸来到妹妹的房间，看见妹妹拿扫帚的姿势有点别扭——对于5岁的孩子来说，用一把大人用的扫帚自然会有些吃力。虽然拿着扫帚很吃力，也没有掌握扫地的要领，但是妹妹却打扫得很认真。于是爸爸走过去摸了摸妹妹的头，温和地说："别着急，慢慢来。"

当爸爸来到哥哥的房间，却看见哥哥把扫帚耍得像金箍棒，正在自我陶醉。地上的垃圾东一片西一片，哥哥根本没有打扫。

爸爸有些不高兴地说："你是在扫地吗？"

哥哥赶紧假装糊弄两下说："扫啦扫啦。"

爸爸板起脸说："重新扫！"

哥哥有些不高兴地说："我刚才去看了，妹妹扫得也不干净，你为什么不说她？"

爸爸："妹妹扫得不干净，是因为她才5岁，还没有掌握扫地的要领。不过她是非常努力地在打扫。而你扫得不干净，是因为你在糊弄你自己，在敷衍自己的工作。你本来是能够把房间打扫干净的，但是你却跟比你小4岁的妹妹比，爸爸感到有些失望，我希望你能够反思一下。"

哥哥低下头不说话了。

全家大扫除，同样是扫地，同样是扫得不干净，但是爸爸对哥哥非常严厉，而对妹妹却很宽容，这是为什么呢？

先来看妹妹，虽说妹妹力气不大，姿势有些别扭，扫得没有什么章法，但是妹妹一直坚持扫，态度非常认真。所以爸爸对妹妹很温柔，给妹妹安慰和鼓励。

再来看哥哥，他根本没有去打扫，而是把扫帚当作金箍棒玩。当爸爸批评他的时候，他赶紧敷衍扫几下，态度一点儿也不认真。并且当爸爸要求他重新打扫的时候，他还在推卸责任，拿自己和仅仅 5 岁的妹妹比。因此，爸爸对待他的态度是严厉的。当然，严厉不等于指责，爸爸只是让孩子重新打扫，让孩子认识到爸爸对他不满意的地方在哪里，引导孩子反思自己的态度。

从这个案例可以看出，文中的爸爸做到了宽严有度。对待妹妹，他采取了宽容的态度，因为如果对妹妹苛责，就会伤害妹妹的热情；而对待哥哥，他则采取了严厉的态度，因为如果对哥哥宽容，就是纵容了他的敷衍。通常来说，对 "德行、做人" 等方面要严格，这样才能培养孩子的德行与责任；对 "技能、做事" 等方面要宽容，要允许孩子在试错中慢慢长大。

多子女家庭中，父母们最怕的就是孩子觉得自己偏心，孩子也特别容易拿兄弟姐妹进行对比，"他可以，为什么我不可以？" "你为什么不说她呢？"因此父母需要做到宽严有度，这样才能令孩子们心服口服。

跆拳道服现形记——该严的时候不够严

八岁的侯杰总是随手把跆拳道服乱扔，妈妈提醒过很多次，也帮他捡过很多次，但是侯杰就是改不了。这次妈妈很生气，把地上的衣服捡了收起来。

星期日早晨，侯杰找不到他的跆拳道服，大声喊："妈妈，我上课要穿的跆拳道服在哪里？"妈妈告诉他：由于他总是把跆拳道服乱扔，妈妈暂时把跆拳道服没收了，今天他只能穿普通衣服去上跆拳道课。侯杰听了，开始大发脾气。

妈妈说:"我说过你很多次了,衣服要挂好,现在就是要给你一个教训。"

侯杰叫起来:"那我不去上跆拳道课了。"

妈妈说:"你必须去,赶紧脱了睡衣,换好衣服,时间快来不及了!"

侯杰喊道:"我不去!我不去!我不去!"

因为侯杰不肯换衣服,妈妈只好妥协了:"好吧,我把你的跆拳道服拿出来,你要保证,回家以后要挂好啊!"

侯杰:"知道了知道了,我会放好的!"

妈妈拿出了跆拳道服,侯杰匆忙换好衣服出门。可是回到家以后,侯杰还是照旧乱扔衣服。

我们前面讲过,对"德行、做人"方面,要严格要求;对"技能、做事"方面,要相对宽容。侯杰乱扔衣服,属于"技能、做事"的范畴,妈妈应该采取相对宽容的态度,并且要多多给予帮助。比如妈妈可以教孩子如何整理房间,并且让他感受整理与不整理的区别。在孩子开始建立习惯的时候,妈妈应该多一些耐心,多给予孩子一些帮助,时间久了,他就能养成习惯了。

如果妈妈确实给了侯杰很多帮助,但是侯杰依然不在意,依然把跆拳道服乱扔,完全不顾及这样做会给他人带来很多不便,那么,这就变成了"德行、做人"方面的问题了。这种时候,妈妈应该采取较为严厉的对待方式了。

侯杰妈妈确实想对侯杰严格一些,于是,他把侯杰的跆拳道服收起来,让侯杰去上课的时候找不到衣服,希望借此让侯杰长记性。这样做,妈妈的做法也有一些问题。她并没有提前和侯杰约好,而是完全按照自己的意志就这样决定了,这导致侯杰不服气,在找不到衣服时也一时无法接受，于是大喊大叫起来，并且以不去上课威胁妈妈。因为妈妈没有提前约定，导致了母子矛盾，而在这场战斗中，妈妈最后妥协了，把跆拳道服拿给了儿子。在拿跆拳道服的时候，妈妈苍白无力地让儿子做口头保证，显然，这种保证已经不是第一次，根本起不到约束孩子的作用。

遇到上面这种情况，正确的做法应该是在孩子屡教不改的时候，妈妈要和孩子郑重地约定："儿子，妈妈发现你多次没有收好衣服，这不仅影响了家里的美观，也会给他人带来不便。妈妈会提醒你三次，如果你还是做不到的话，那么妈妈会把你的跆拳道服收起来，这时候你只能穿普通衣服去上课。妈妈这样做，你同意不同意？"最好的约定是和孩子商定而成的，每个孩子都有变好的意愿，当他们感觉自己做得不好的时候，他们也愿意付出一定的代价。因此，相互约定是最好的。

当妈妈提醒三次后，孩子依然乱丢衣服，妈妈可以告诉孩子："按照约定我把你的跆拳道服收起来了。"如果孩子以不去上课威胁，那么妈妈需要坚持原则和约定，温和而严肃地告诉孩子："可以，上不上课是你自己的事情。但是下次去上课，你依然不能穿着跆拳道服去。"妈妈这样的做法，是在告诉儿子：我充分尊重你的感受，也尊重你的情感，但是这个约定我们一定要执行。

在孩子屡次无法承担自己的责任时，妈妈采取相对严厉的做法是非常正确的。

但是严厉也要有严厉的章法，不能看心情胡乱严厉，更不能因为孩子的要挟而妥协。这样，不仅仅强化了孩子的错误，也损失了父母的威信，不利于帮助孩子建立良好的习惯。

宽严有度的严，不是惩罚，更不是声色俱厉，而是温和而坚定地坚持原则，执行约定。

拌芝麻酱——该宽的时候却严了

米莉今年6岁，看到妈妈在做蘸酱菜，就跑到妈妈面前主动请缨。

米莉对妈妈说："妈妈，让我来搅拌芝麻酱吧。"

妈妈欣然同意："你把芝麻酱舀到碗里，加点儿酱油，拌匀就行了。"

妈妈刚说完，手机就响了起来。

妈妈对米莉说："你先按我说的方法去做，我去接个电话。"

妈妈接完电话回来，看到芝麻酱被搅得非常干，灶台上、碗口上也满是芝麻酱。

妈妈生气地说："你怎么把芝麻酱搅成这样了？是不是搅着好玩就停不下来了？你看，现在都成这样了，还怎么吃？"

米莉一脸委屈的样子，低头拽着衣角。

爸爸在一旁插话："拌芝麻酱是要加水的，是不是忘加了？"

妈妈愣了一下，对米莉说："米莉，妈妈想了想，这个事情不能怪你。在搅拌之前，妈妈没有告诉你拌芝麻酱是要加水的，这个责任在妈妈，妈妈不应该责怪你。"

米莉抹掉了眼角的泪水，说："妈妈，没关系，我原谅你。"

妈妈说："米莉真是好孩子！现在，让我们一起重新做芝麻酱吧。"

米莉说："好的！"

前面我们讲过，家长要做到宽严有度，就要在"德行、做人"方面严厉，而在"技能、做事"方面宽松。对于小孩子来说，他们年龄小，技能不足，在做一些事情时免不了给家长添麻烦。这种时候，因为看到孩子惹了麻烦，很多家长就动了情绪，结果在本应该宽容孩子的地方，却采用了严厉的态度，造成了孩子的委屈。

在上面的事例中，米莉一心想帮妈妈做点事，从孩子的出发点来看，这是值得表扬和赞赏的。于是妈妈欣然同意了。但是妈妈忽略了一件事情：在她看来，拌芝麻酱是个很容易的事，但是对于6岁的孩子来说，却并不容易。她从自己的角度出发，只给米莉提供一些简单的指导："你把芝麻酱舀到碗里，加点儿酱油，拌匀就行了。"可是对孩子来说，舀多少芝麻酱？加多少酱油？怎么才算拌匀？这些问题米莉都无法弄懂，她所能做的，恐怕就是"实验"了。

刚巧妈妈因为接电话走开了，没能及时在米莉做"实验"的过程中给予帮助和指导，回来后却看到了和预期完全不同的一幕：芝麻酱被搅得非常干，灶台上、碗口上也都是。妈妈心里马上变得不高兴了，心想这么简单的事情，女儿怎么做得这么糟糕呢？是不是因为贪玩导致的？于是她开始斥责孩子。

原本一腔热情想要帮妈妈做点儿事情的米莉，听到这些责备的话，自然会很委屈。事情发展到这里，亲子之间眼看就要爆发冲突了，然而爸爸的一句提醒让妈妈意识到了自己的问题。

不教而杀谓之虐。如果我们不曾认真教会孩子，却责备孩子做得不好，这其实相当于虐待孩子。即便我们认真地给了孩子建议以及指导，也应该给孩子留出时间和空间，允许孩子慢慢掌握，而不要急于求成。孩子掌握任何一件事，都需一点点摸索，反复实践，而当孩子真的掌握了这项技能，就很难再忘记了。很多妈妈急于求成，结果给孩子造成了很大的伤害，最终，孩子也无法掌握这项技能。

米莉妈妈及时向孩子道歉，并陪伴孩子一起重新"做实验"，耐心教孩子怎么做芝麻酱，这就做到了宽严有度中的原则——对待"技巧、做事"方面要宽容，多给孩子操作的机会。当我们宽容孩子的不足，认识到孩子"添乱"背后的良好初心，并耐心给予孩子帮助和指导，孩子就能在获得支持的环境中快速增进自己的能力，并主动承担更多的责任。

小宝打人，对还是错——先关心人，再关心事

放学后，5岁的小宝想踢会儿球再走。于是他和小辰、小逸商量，先玩一会儿再走。几位妈妈站在旁边看他们玩球。

小辰和小逸因为抢球争吵起来，小辰骂小逸是笨蛋，小逸就跑去找小辰妈妈告状，小宝和小辰也一起跑了过去。

小逸对小辰妈妈说："阿姨，小辰骂人！"

小宝也说："阿姨，我看见了，是小辰不对。"

小辰举起拳头想要打小逸，小宝看到了，先发制人给了小辰一脚，正好踢在小辰手上，小辰大哭了起来。

小辰妈妈一边搂过小辰，一边对着小宝喊："你这孩子，下手太重了，下死手啊！"然后扭头对小辰说："去，跟他打去，我看你俩谁打得过谁！"

小辰哭得更厉害了。小辰妈妈气得打起小辰来："你这个没出息的孩子，别人打你，你都不知道还手！"

小宝和小逸的妈妈都围了过来，七嘴八舌说着："都是我们孩子不好，别打小辰了。""孩子们之间吵架打闹很正常的，别打孩子啊。"……

小辰妈妈看围了很多人，冲着小辰嚷："憋回去不许哭，以后不许跟他们玩了，赶紧跟我回家！"

小宝妈妈对小宝说："小宝，你刚才为什么踢小辰呢？"

小宝说："刚才小辰举着拳头要打小逸，他在学校也总是欺负小逸，

我就是想替小逸教训他。"

  小宝妈妈说："可是小辰都被你踢哭了，明天你需要找小辰道歉。"

  小宝说："我不，明明是他欺负人，我才不去道歉！"

  妈妈不知道该怎么继续说下去。

  孩子们在一起玩，发生冲突在所难免，父母处理这些冲突时，是需要把握宽严有度的原则的。

  我们看看事情的起因：小逸被小辰骂，就跑去告状。小辰见小逸要告自己的状，就想要打小逸，结果小宝先发制人，踢了小辰一脚。显然，这几个孩子之间的矛盾冲突，小辰和小逸是直接发生了冲突，而小宝是想打抱不平。

  我们先来看小辰。他开始时处于"迫害者"的角色：他骂了小逸，还要作势打小逸。对于这样的行为，妈妈应该采取严厉的态度。然而还没等妈妈说话，事情就发生了变化，小宝为了打抱不平踢了小辰一脚，小辰由原来的"迫害者"角色转变为"受害者"角色。看到儿子吃了亏，小辰妈妈护子心切，赶紧把儿子搂过来，并且开始斥责小宝。她显然受不得儿子吃亏，让儿子去和小宝打一架，看到儿子不敢去，就把脾气发在儿子身上，骂他"没出息"。小辰妈妈的做法显然是不对的。首先，儿子被踢了一脚，这时候妈妈应该先关心孩子的身体，然后再去处理事情。但是妈妈根本没有去问小辰的伤势，甚至还朝小辰发脾气。其次，她只看到了小辰的疼痛以及大哭，而对儿子欺负小逸的行为视而不见，这不利于教导孩子。最后，她容不得儿子吃亏，让儿子"打回去"，这就更不可取了。这样做会混淆孩子的是非观念，让孩子成为一个只会用武力解决问题的"小霸王"。

  我们再来看小宝。因为看到小辰经常欺负小逸，这一次又作势要打小逸，小宝出于正义感打抱不平，出于作为朋友的责任感，做出了"踢小辰"的行为，从"拯救者"的角色变成了"迫害者"的角色。对于小宝这个"拯救者"身份，妈妈应该是予以肯定的，毕竟孩子的本意是好的。但是对于孩子用踢的方式来实现"拯救"，妈妈则要和小宝严肃地谈一谈，告诉他这个行为的对错，并且让他承担相应的责任。文中妈妈让小宝第二天去道歉的做法是正确的，但是在这之前需要和小宝进行沟通，肯定小宝的立场，共情小宝的初心，再讲明他在方式选择上出现的问题。这样做，才是宽严有度，通过把目的和行为分开对待，引导小宝学会处理此类事情的经验。

　　宽严有度，不是一味地宽或者一味地严，严中要带着爱的宽容，宽中也要有原则和底线。先关心人，再关心事；先处理情绪，再处理事情，充分把握好"度"。只有这样，才是真的帮助孩子，才是对孩子的真爱。

对不起，我不是故意的——宽严有度

　　出游的时候，潇晗打开了一袋瓜子吃。等玩够了准备回家，潇晗打开车门就把瓜子袋往车上扔，结果撒了一后座，潇晗一愣。

　　妈妈本能地回头，瞪了潇晗一眼，刚想开口说话，潇晗抢着说："对不起，我不是故意的。"

　　妈妈顿了一下，看了看后座上的瓜子，又看了看潇晗，沉住气说："瓜子撒了，你肯定也后悔吧？妈妈瞪你，你肯定害怕妈妈批评你吧？"

　　潇晗说："嗯，我真的不知道会把瓜子弄撒。"

　　妈妈说："当然了，妈妈知道，你要是知道会撒，哪儿还会扔呢。现在把撒在后座的瓜子收起来吧。"

　　潇晗一边抓瓜子一边说："太多了……"

妈妈说："需要妈妈帮忙吗？"

潇晗说："不用了，妈妈，我自己可以。"

妈妈假装摆弄手机，其实是在通过车子的后视镜观察孩子的一举一动。她发现潇晗抓着抓着，就拿起一本薄薄的漫画书当簸箕，把瓜子铲起来再倒进塑料袋里。这下，速度明显加快了。

快收完的时候，妈妈回头假装惊讶道："哎？你怎么收这么快呢？"

潇晗说："妈妈，看，这是我的新武器——瓜子输送器！用这个可快了！"

妈妈说："看起来不错啊，我说怎么这样快呢，原来你动脑筋研制了一个武器啊！不愧长大了要当科学家，现在就知道努力想办法了！"

潇晗说："妈妈，以后我要发明一种车，车上有个按钮，你想吃什么就按一下，它就会把你想吃的送到你手里。另外，这辆车上还有自动垃圾桶，垃圾可以随便扔，无论你扔到哪里，自动垃圾桶都能把它收集回来。"

妈妈："哇，那岂不是很酷？能给我一台吗？"

潇晗："当然，你、爸爸、姐姐、姥姥、姥爷、爷爷、奶奶……每人都有一台！"

妈妈饶有兴趣地听着孩子谈论他的想法，庆幸自己学习了怎么做妈妈，要不然，刚才自己要是没忍住数落孩子几句，极有可能就是一个相反的结局了。

当孩子有意或无意制造了麻烦，很多父母会不分青红皂白地斥责孩子，根本不给孩子解释和说明的机会。遇到这样的父母，孩子要么忍气吞声，把委屈积压在心里；要么激烈反抗，让亲子关系变得很糟糕。

上文中的妈妈是一位非常善于学习的妈妈。在看到潇晗把瓜子撒在了车上，受本能驱使，她瞪了儿子一眼。但是她马上意识到，这样做是不对的，并且存在潜在的危险。这种觉察力是需要慢慢练习的，只有通过一次一次的自我反思和自我提醒，才能在遇到事的时候保持冷静，并且去觉察孩子的感受。

很多父母都很难以发现，其实所谓的教育机会，更主要体现在两个时间点：一个是"孩子做错的时候"；另一个则是"孩子做对的时候"。对于前者，父母的眼睛往往是雪亮的，一发现就盯着不放；而对于后者，大多数父母却没有什么反应，仿佛孩子做对事完全是理所当然的。我们前面讲过，父母的回应对孩子的自我认知起着强化作用，我们总是去强化做错的事，却不去强化做对的事。

潇晗妈妈发现潇晗做错事之后，意识到这是孩子不小心造成的，应该采取宽容的态度。但是宽容孩子的同时，也需要让孩子承担自己做错事的责任。于是，妈妈先和孩子共情："瓜子撒了，你肯定也后悔吧？妈妈瞪你，你肯定害怕妈妈批评你吧？"共情之后，妈妈没有通过批评、责罚去强化孩子的过失，更没有一边唠叨一边帮孩子收拾残局，而是静静地观察孩子。在看到孩子动脑筋想办法之后，妈妈表扬了儿子，并且强化儿子做得好的地方——动脑筋、想办法。在最后，妈妈还鼓励了儿子天马行空的设想。这是潇晗妈妈的智慧所在。

每当看到父母能够尊重孩子、共情孩子，对孩子宽严有度时，我们总是能够感受到暖暖的亲子之情。当我们阅读这样的亲子案例时，那种舒服的感觉油然而生。上文中的案例，就能给我们这样一种如沐春风的感觉。

第四章

德行与责任的培养——
让孩子未来立足社会的根基

　　宽严有度，是对"德行、做人"方面严格，从而培养孩子的责任心；对"技能、做事"方面宽容，允许孩子在试错中慢慢成长。但是在现实生活中，很多父母往往"重技能"而"轻德行"。这样培养出来的孩子，往往偏离了正确的成长轨道。卢梭说："教育错了的儿童比未受教育的儿童离智慧更远。"如果父母希望自己的孩子将来能够立足于社会，成为一个对社会有用的人，成为一个受人尊敬的人，那么就应该更多地关注孩子的德行教育，而不只是才华的培养。

第一节　如何培养孩子的德行

从几个案例说起

药家鑫

2010年10月，在西安市西部大学城学府大道上驾车撞倒被害人张妙。下车后发现张妙在记自己的车牌号，药家鑫拿出刀子，连捅张妙8刀，致其死亡。事发后被判处死刑，并于2011年6月执行。

李天一

2011年9月，因与人斗殴被拘留教养1年。2013年2月，因涉嫌轮奸案被刑事拘留，后因可查资料显示未成年，移交少管所。该案件于2013年9月开庭，北京市海淀区法院做出一审判决，以强奸罪判处李天一有期徒刑10年。

林森浩

2010年，进入复旦大学医学院攻读研究生，并在复旦大学附属中山医院见习。见习期间，涉及复旦大学医学院研究生黄洋被投毒死亡案。2013

年4月12日，警方初步认定同寝室的林森浩存在重大作案嫌疑，林森浩被刑事拘留。2013年4月19日，上海警方正式以涉嫌故意杀人罪，向检察机关提请逮捕复旦大学"4·1"案犯罪嫌疑人林森浩。2014年2月18日，上海市第二中级人民法院一审宣判被告人林森浩故意杀人罪成立，判处死刑。

以上案例中有一个最大的共性，就是这些孩子个个都才华出众，但结果却与父母和社会的期望背道而驰。

作为父母，我们都深爱自己的孩子，希望孩子将来有一个光明的前途。为了孩子我们可以付出一切：我们起早贪黑地辛苦劳作，赚钱给孩子买最好的玩具，报最贵的兴趣班，为了孩子能够上好学校，有些家长甚至花数百万元买学区房……每一次在家长培训会上，我都会问家长们："德与才哪个重要？"几乎所有的家长都会说"德重要"，但是在实际生活中，我们却把大量的时间、精力、金钱都花在培养孩子的才华上。

有的家长说，我知道德行很重要，但是我不知道怎么培养孩子的德行。其实大家不要认为德行是个高深的词，它就存在于我们生活中的细节里。孩子的德行是从点点滴滴的家庭生活中培养出来的。

什么是德行

首先，我们先来确定一下：什么是德行？

德，指内心的自律；行，指行为规范。

我们可以从一个人的行为中看出他内心是否自律，当一个人内心自律，那么他的行为一定符合家庭及社会的行为规范。"行"是"德"的外化，"德"是"行"的内在。

有德行的人，知道什么事情该做，什么事情不该做，也就具备了自律能力。

既然德行这么重要，那么如何培养孩子的德行呢？

首先，父母应以身作则，言传身教。父母要经常反思自己：有没有伤害别人、妨碍别人的行为？自己的言行举止有没有符合家庭及社会道德规范？

我们来感受一下以下几个场景：

场景一：

妈妈和孩子去公园玩，边走路边嗑着瓜子。

女儿问："妈妈，瓜子皮怎么办？"

妈妈说："扔地上啊！"

看着妈妈把瓜子皮扔在地上，女儿也边走边扔。瓜子皮一路飘扬。

场景二：

"快点走，我们要迟到了！"爸爸拽着6岁的儿子急匆匆往前跑。

走到十字路口时，爸爸左右张望一下，拉着儿子就往前冲。儿子大喊："红灯！红灯！爸爸，红灯！"

爸爸毫不在意地说："我知道。我们快迟到了，趁这会儿没车赶紧走。"

儿子说："红灯的时候不能过马路！"

爸爸说："这会儿也没警察！"

儿子说："那也不能过。"

爸爸说："今天咱们赶时间，爸爸保证，就这一次，下不为例！"

儿子依然不肯走："可是我们老师说了，只要看见红灯就……"

爸爸不耐烦地打断儿子："行了行了，什么都是你们老师说，你老爸说的话怎么不听？快走，咱们马上就要迟到了！"

儿子看爸爸生气了，无奈地跟着爸爸过了马路。

场景三：

快放学了，妈妈在学校门口接奥然回家。妈妈接到孩子刚想走，突然听到哭喊声。妈妈回头一看，原来是奥然的同学宇浩做了错事，他爸爸正在斥责他，还要动手打他。

奥然也看到了这一切，他跑过去边用手打宇航爸爸边说："不许你打宇航！"

妈妈赶紧跑过去，一把拉过奥然，并说："你怎么动手打人呢？叔叔是在教育自己的孩子呢！"

奥然大声对妈妈说："大人欺负小孩就是不对的，我要帮宇航。"

妈妈拽着奥然边走边说："那是人家的事，你少管闲事。再说了，你怎么能打叔叔呢，这样多不好啊！万一叔叔打你怎么办？"

孩子小声嘟囔："打我也不怕！"

奥然跟妈妈撕扯了几下，最后没办法，只好跟着妈妈回家了……

场景四：

周末了，嘉熙邀请楼上的小博来家里玩。小博的爸爸是嘉熙妈妈的领导。

小博一进门就把外衣脱在门口，嘉熙妈妈赶紧上前拿起来挂到衣架上。

嘉熙和小博一起跑进客厅，小博一屁股坐在沙发上，跷着脚说："嘉熙，你帮我把鞋脱了。"

嘉熙一愣，转头看着妈妈。妈妈迟疑了一下，走过来亲自给小博脱了鞋……

场景五：

周末，妈妈带着8岁的女儿去超市购物，购物车很快就装满了。

快走到结账台的时候，妈妈迟疑了一下，从购物车里把速冻饺子随手放在了零食堆头上。

女儿说："妈妈，为什么把这个放在这，我们不要了吗？"

妈妈说："我忽然想起来，家里还有没吃完的，暂时不用买了。"

女儿说："那怎么不放回去呢？"

妈妈说："没事儿，就放这吧，一会儿会有人收的，再说了回去还要再绕一大圈，多麻烦啊。"

女儿说："哦……"

场景六：

张伟上初三了，学习越来越紧张。好朋友小旭骑自行车摔伤了腿无法上学，张伟每天放学后都去小旭家帮他补习功课。张伟每天很晚才能回家，自己的作业更是写到半夜才能写完，几天后，妈妈终于忍不住了。

妈妈说："你以后别去小旭家了，看把自己累的，耽误了学习怎么办？"

张伟说："没事，我不会耽误的，您放心吧！"

妈妈说："马上中考了，正是关键的时候，重点高中的录取名额那么少，你还有闲心帮别人，多考虑考虑你自己吧！"

张伟说："我们是好朋友，他现在去不了学校，我想帮帮他。"

妈妈说："那不行，小旭的事有老师、家长呢，你操什么心啊？我平时累死累活的，什么事都舍不得让你干，就是怕你累着，耽误学习。现在倒好，自己的学习还没搞好，还去操心别人的事！以后你不许去小旭家了，一放学就赶紧给我回来，听见没有？"

张伟什么话也没说，回自己房间了……

父母是孩子最好的榜样，父母的一言一行，都会在潜移默化中影响孩子。以上场景中，孩子从父母身上学到的是什么呢？破坏自然环境、违反公共秩序、事不关己高高挂起、阿谀奉承、图自己方便、自私自利……从小受这样的家长熏陶，他们的将来不由得令人担忧……

孩子的问题，根本上是家长的问题。想要培养有德行的孩子，父母首先要对自己的德行有所要求。那么，我们家长对自己的德行应该有什么样的要求呢？

德行的行为标准是——不伤害，不妨碍。

"不伤害，不妨碍"自然，他会"珍爱生命"；

"不伤害，不妨碍"社会，他会"热爱生活"；

"不伤害，不妨碍"学校，他会"努力学习"；

"不伤害，不妨碍"班级，他会"关心集体"；

"不伤害，不妨碍"老师，他会"尊重师长"；

"不伤害，不妨碍"同学，他会"团结同学"；

"不伤害，不妨碍"父母，他会"孝敬父母"；

"不伤害，不妨碍"自己，他会"积极向上"。

"不伤害，不妨碍"这六个字如果能陪伴孩子一生，那么他的一生都会积极正向。试想一下，如果一个孩子对老师、家长、同学、集体乃至社会都能够做到"不伤害，不妨碍"，他能不主动学习吗？他能不孝敬父母吗？他能不积极向上吗……这样的孩子长大成人，他将会具备高尚的人格、高贵的品质，敢于承担家庭和社会的责任。

卢梭说："教育错了的儿童比未受教育的儿童离智慧更远。"如果父母希望自己的孩子将来能够立足于社会，成为一个对社会有用的人，成为一个受人尊敬的人，那么就应该更多地关注孩子的德行教育，而不只是才华的培养。一个人拥有再好的才华，拥有再多的知识，如果没有德行来加以规范，那么他能力越大，对社会的危害也就越大。

德行培养的基础是责任心的培养。如果没有责任心，德行便无从谈起。

责任心是德行培养的基础

每个孩子在成长的过程中，都会追求自身的价值感。他们希望自己被接纳，被认可，被赞赏。因此，孩子是愿意主动承担一些责任的。如果父母能够保护好这份主动性，能够帮助孩子树立责任心，他就能逐步培养起良好的德行。

一个孩子有了责任心就会逐步具备德行。

案例一：

爸爸妈妈在吃饭，10岁的雨琪在小饭桌已经吃过了，便不再吃饭，而是跑去喂猫。喂完了猫之后，雨琪忽然想吃冰淇淋。

雨琪说："妈妈，冰箱里面还有冰淇淋吗？"

妈妈说："没有了，等会儿我跟爸爸吃完饭，咱们一起去超市买吧。"

雨琪说："我能自己去吗？我可以自己去的，你们还要买其他东西吗？"

爸爸说："我要买切片面包、火腿片、生菜以及西红柿，明天早晨我给大家做三明治。"

妈妈说："我需要苹果和芒果，今天我们没有水果吃了。"

雨琪说："再加上我的冰淇淋，我记住了。"

雨琪高高兴兴地拿着100钱元出门了，没过一会儿，就把东西买了回来，袋子里摆放得整整齐齐的。

爸爸说："你这么高兴，看来很顺利啊。袋子是谁装的？这么整齐！"

雨琪说："我自己啊。我平时看你们装袋子，都是把比较重的不怕压的放在下面。"

爸爸说："观察超强力啊！"

雨琪说："刚才我在超市碰到我们班同学了，她是跟她爸爸一起去买东西的。她爸爸问我，你是一个人来的吗？我说是啊，他说我真厉害！"雨琪一脸骄傲。

妈妈说："当时你听到叔叔这么说，你心里什么感受啊？"

雨琪说："我觉得特别有成就感，妈妈，明天你要买什么东西，我去帮你买。"

案例二：

上初中的文昊放学回家兴高采烈地找到妈妈。

文昊说："妈妈，我今天很开心，教室里发生了一件事！"

妈妈说："哦？什么事？"

文昊说："今天上课的时候下雨了，老师关窗户时不小心把窗户推掉了。我怕雨淋进来把同学课桌上的书打湿，就和另外一个同学一起试着装窗户，没想到居然真的装上了！我太厉害了，居然会装窗户了！太有成就感了！"

妈妈说："我儿子不仅能为他人着想，动手能力还这么强！儿子你真的很能干，妈妈真为你感到自豪！"

案例一中，雨琪主动提出要尝试自己一个人去超市。这种时候，爸爸妈妈选择相信孩子的能力，鼓励孩子去尝试，并把"重任"交给了孩子。雨琪主动承担了购物的责任，主动性有了，责任心也就产生了。在购物的过程中，由于同学爸爸的出现，有第三者见证了雨琪的能力，这就更加深了雨琪的责任感。

最后，妈妈对雨琪的引导也是比较巧妙的。她询问雨琪被夸奖时的感受，这就能够强化孩子的成就感，从而让她对自己更多一分自信。于是，雨琪主动提出帮妈妈购物，她的责任心也得到了提升。

有责任心的人，愿意主动承担责任，而不是袖手旁观。案例二中的文昊因为具有责任心，当班级的窗户损坏时，就主动承担起这份责任，尝试去修理。窗户修理好之后，他感到自己非常具有成就感以及价值感。一个觉得"我能行、我有用"的孩子，就会不断地去做"利他"的行为，比如孝敬父母、关心集体、尊敬师长、努力学习、热爱生活等。他会逐步认清并找到自己的人生目标，并为之努力，从而不断实现自己的价值。

小贴士：

责任心定义：
自己的事情自己做，分内的事情尽力做，出了问题敢担当。
一切责任心的培养，都根植在爱与帮助的土壤中。

第二节　谁偷走了孩子的责任心

都是橙子惹的祸——坏榜样

　　成长的规律告诉我们，其实每个孩子都曾经想要自己走路、自己吃饭、自己穿衣服，任何事情都想要自己试一试。他们愿意自己承担责任，从而不断去证明自己的价值感。可是，为什么现在出现了这么多的"药家鑫""林森浩"现象呢？是谁偷走了孩子的责任心？正是"无知"的父母以爱的名义，利用三种"神技"：坏榜样、总包办、不宽容，神不知鬼不觉地偷走了孩子的责任心。

　　我们来看看生活中的案例，看看父母是如何使用这三种"神技"偷走孩子的责任心的。

　　3岁的小岚有些咳嗽，妈妈蒸了橙子给小岚吃。小岚的嘴唇刚一碰到橙子，就"哇"的一声大哭起来，嘴里直喊："烫……烫……"妈妈赶紧把小岚搂在怀里安慰。

妈妈说："没事没事，妈妈刚才试过了，不烫。"

小岚哭得更大声了："烫！"

妈妈说："妈妈都试过了，怎么会烫呢？小岚乖，不哭！妈妈那么爱你，你要是烫到了，妈妈会很心疼的啊！"

小岚说："就是烫！烫……"

小岚拿着剪刀的小手乱挥，差点儿扎到妈妈。妈妈一把夺过剪刀，扔到了一边。

妈妈："小岚，不可以这样对妈妈！都怪这破橙子，烫我们家小岚，妈妈帮你打它！"

小岚继续号啕大哭，小手一个劲地往妈妈身上乱抓……

当孩子说烫的时候，妈妈第一时间否定了孩子的感受，说"不烫""妈妈都试过了，怎么会烫呢？"这造成了小岚的双重委屈：第一层是因为被烫到了感到委屈；第二层则是妈妈根本不理解他，还否定他的感受。于是，小岚大哭不止。为了哄孩子，妈妈"急中生智"，把责任推到橙子身上，"都怪这破橙子，烫我们家小岚，妈妈帮你打它"，橙子被当作了替罪羊。

孩子和大人对温度的耐受程度大不一样。大人觉得正常的温度，对孩子来说，就会感觉热或烫。如果妈妈能用心去理解孩子，而不是以自己的标准去衡量孩子，就会意识到自己的问题。而上文中的小岚妈妈，她不仅没有用心去理解孩子，为了安抚孩子的情绪，还把责任推卸给了橙子。妈妈做了一个推卸责任的坏榜样，教会了小岚出了问题可以责怪别人，甚至可以责怪一个"橙子"。长此以往，小岚出现过失的时候，也会给自己找借口，也会产生"都是别人不好""都怪别人""不是我的错"这样的没有责任担当的思维方式。

父母第一个偷走孩子责任心的"神技"——坏榜样！

父母爱孩子，心疼孩子，但是受自身认知所限，做了坏榜样却还不自知。很多妈妈都不知道如何培养孩子的责任心，在生活中用错误的方法教育孩子，比如孩子摔倒妈妈去打地板、孩子磕桌角妈妈去打桌子、孩子烫了嘴妈妈去骂橙子……这些行为，看似妈妈是在爱孩子，但正是这些"爱孩子"的行为，悄悄偷走了孩子的责任心。

父母不学习，不成长，遇到事情不反思自己，而是推卸责任，这就会给孩子树立非常不好的榜样。尤其是夫妻吵架的时候，比如，爸爸说："孩子的坏毛病都是你给惯的！"此时妈妈反击："我给惯的？你当爹的平常干什么去了？你管过孩子吗？你除了会打游戏、睡觉外，你还能做什么？孩子的这些臭毛病都是跟你学的！"家长平时不自律、不反省，夫妻之间互相推卸责任，把错全推给对方，自己永远是正确的！这就给孩子做了一个不良示范，孩子耳濡目染，遇到问题的时候，也会张口就来："都是你！都是因为你！"

我们做父母的，应该起到良好的榜样作用。这样，我们才能培养孩子的责任心，让他勇于担当。在生活中，我们也可以换一种方式教育孩子，比如，当孩子磕到桌角大哭的时候，妈妈可以告诉孩子："桌子不会动，被你碰了一下，也会疼，咱们一起给它揉揉疼。"再比如，孩子吃橙子烫了嘴，妈妈先要接纳孩子的情绪，然后承认自己没有把橙子放到足够凉，并且向孩子道歉。这样的做法，就会给孩子树立良好的榜样，让孩子慢慢成为一个具有责任心的人。

你只要努力学习——总包办生活

小花今年14岁，上初中二年级。期中考试考完后，小花回到家，把外套、书包往沙发上一扔，就钻到自己屋里玩手机去了。妈妈拿起书包和衣服到小花的卧室一看，书桌上、窗台上满是纸团以及铅笔屑，乱成了一团。

妈妈说："小花啊，期中考试考完了，今天你是不是应该收拾一下屋子呀？"

小花说："今天跟同学约好了一起出去玩，一会儿我就要出发了！"

妈妈说："你看看你屋子里乱的，还像个女孩子的屋子么？你看看，你屋子里满是废纸、铅笔屑、脏衣服，都没地方下脚了！我和你爸每天给你收拾，都忙不过来了！你就不能自己收拾一下么？"

小花说："我这两天不是期中考试么，没时间！"

妈妈说："你都多大的姑娘了，还要我们跟你屁股后面收拾屋子！我忍你好久了！"

小花说："你们不是一直说'你只要努力学习，其余的就交给我们了'么，现在怎么又让我打扫房间？"小花一脸不以为然的样子。

小花14岁，是个青春期的大姑娘了，妈妈觉得这样一个大姑娘应该自己收拾房间。于是，妈妈对小花说："你是不是应该收拾一下屋子？"这种沟通方式中，潜藏着一点点责备之意，所谓"应该"，就是原本应该做好，却做得不够好的意思，这在情绪上引起了小花的对抗。受到小花的拒绝之后，妈妈开始对小花采用"唠叨式"的批评、指责、数落，这种方式对青春期的孩子来说，是最有杀伤力的。于是小花进行了强烈对抗，先是为自己找理由辩解——"期中考试，没时间"，然后又把责任推回给父母——"这不是你们自己一直说的吗，现在来怪我干吗？"非常强有力的理由和借口，让小花成功把责任推卸掉了。

小花在收拾屋子这件事上推卸责任完全是她自己的问题吗？当然不是。我们从妈妈和小花的对话中，可以发现一个事实，那就是爸爸妈妈"天天跟着收拾"，并且是主动免掉了小花收拾屋子的责任，"你只要努力学习就行了"。因为爸爸妈妈之前包办了小花的生活，把本应该属于小花的责任大包大揽下来，时间一久，小花就会认为这一切都是理所应当的。现在妈妈忽然来指责孩子"应该做好"，孩子当然是不接受的。

父母第二个偷走孩子责任心的"神技"——总包办！

当下，很多父母的观念都跟小花妈妈一样："你只要努力学习就好了，其他什么事你都不用管。"在这种观念之下，父母围着孩子转，包办孩子的生活，孩子衣来伸手、饭来张口，自己的事情全由父母去做。等时间一久，孩子就形成了好吃懒做的习惯，并且认为父母做这些事也是理所应当的。

父母不要充当"责任神偷"，把孩子的责任偷走后，再来责备孩子不承担。我们不要总是盯着孩子的学习成绩，因为生活并不是只有学习。一个连生活能力都不具备的孩子，他将来又怎么能够有一番作为？在新闻中，我们经常看到一些孩子智商很高，别人还在上高中，他已经参加高考并且考上了名牌大学。但是仅仅过了一年，他就退学了，因为他在大学无法照顾自己，连洗衣、打饭都不会——这些事，以前都是由妈妈来做的。

总包办生活，是在培养一个无责任感、无德行的孩子。只有让孩子学会承担责任，他才能够享受其中的成就感和喜悦感，才能从中获得成长的经验。

燕菲为什么总忘记带午餐——总包办后果

8岁的燕菲总是忘记带午餐。这一天燕菲又忘带了，妈妈发现后，匆匆忙忙把午餐送到学校。

妈妈抱怨说："你怎么总是忘记带饭？害我又要多跑一趟。"

燕菲说："谁让你不提醒我？"

妈妈说："明明是你自己忘性大，提醒你多少次了你都记不住，下次你再忘我就不管你了！"

燕菲不耐烦地说："知道啦！知道啦！不管就不管！"

第二天，燕菲又忘记带午餐了，妈妈又匆匆忙忙送到学校。

一个人忘记带午餐的自然后果是什么？他会挨饿。但是妈妈一次又一次地把午餐送到学校，帮燕菲弥补忘记带饭的后果，结果让燕菲认为记住带午餐是妈妈的责任，而不是她自己的。所以，燕菲总是忘带，而妈妈总是送过去，却还招来燕菲的抱怨，责怪妈妈没有提醒她。

"害怕孩子饿着"是很多父母在处理这类事情的时候一个很强的理由。确实，挨饿的滋味不好受，父母心疼孩子，更怕孩子因营养不良而导致身体不好，从来都舍不得让孩子体验"自然结果"。其实少吃一顿午饭真的不会对孩子的健康造成伤害，而一次挨饿的体验却能让孩子知道忘带饭的后果，从而让孩子长记性。这样的做法，不仅可以避免母女间的争执和摩擦，还能够培养女儿的责任心。我们没有权利代替孩子承担后果，也没有权利在孩子未求助的情况下，主动替孩子收拾残局，因为这些都是孩子的事，应该让孩子自己承担后果。少了后果这一环节，孩子的体验不完整，认知也就出现了偏差。

燕菲妈妈也是使用了父母第二个偷走孩子责任心的"神技"——总包办！她的包办是代替孩子承担后果。如果父母总是主动承担孩子的过失，长此以往，他们就会认为这些本应是父母承担的，和自己没有任何关系。事情没做好，出了纰漏，都是爸爸妈妈没安排好！自己犯了错误，那就等爸爸妈妈来摆平吧。如果爸爸妈妈摆不平，那也是他们的错，和自己无关！总包办会让孩子学会推卸责任，失去承担后果的勇气，同时失去抗挫折的能力。

再来谈谈燕菲忘记带午餐的事。如果经常出现这种情况，妈妈要提醒女儿一下，告诉她记住带午餐是她自己的责任，如果她仍是忘记，自己不会再给她送饭。如果燕菲再忘了，妈妈就要说到做到，不再给她送饭，让她体验一下忘记带饭的自然后果。由于妈妈以前总是给她送饭，而这次不再去送，燕菲一定会很生气，因为这个时候她仍认为妈妈有责任提醒她带午餐。这种时候，妈妈可以平静地回应："女儿，你忘了带午餐，我也觉得很难过。"妈妈切记不要跟上一句"也许这样会给你一个教训"。这句话一出口，立刻把自然后果变成惩罚了。我们的目的是为了让孩子体验自然结果，而不是为了惩罚孩子，更不是为了显示自己有先见之明。我们只需要陈述事实，表达感受，把自然后果以及责任还给孩子。这样，就能让孩子逐步培养起责任心。

知识点：自然后果 VS 逻辑后果

我们拿吃饭来举例。孩子贪玩不吃饭的时候，妈妈告诉孩子说："你不吃饭下午会饿。"这个时候，"下午会饿"是逻辑后果。等到了下午，孩子真的饿了，这时候就是自然后果。

有时候，逻辑后果不一定会发生。比如孩子不穿外衣出门，家长说外面冷，不穿外衣会感冒。家长这时候所说的"会感冒"，是逻辑后果，是一种预测。如果孩子真的冻感冒了，则是自然结果。但是孩子也可能没有冻感冒，则是逻辑后果没有发生。

孩子可以为自然后果承担责任，但是不会为逻辑后果承担责任。很多时候，家长是通过逻辑后果控制并惩罚孩子。比如，孩子不穿外衣出门，家长告诉孩子：你不穿外衣就出去会感冒发烧，你必须穿上！孩子不听，家长就打了孩子一顿！这时候感冒只是逻辑后果，不一定会发生，父母就凭借这个原因逼迫并且打骂孩子，孩子自然是不服气的，他不愿意承担逻辑后果的责任。

有些家长最容易犯的错误，是不舍得让孩子体验自然后果，而总是用逻辑后果，要么去吓唬恐吓孩子，要么去贿赂哄骗孩子，而孩子往往都不会买账。

孩子是在自然后果体验中成长的，而不是在对逻辑后果的臆想中成长的。所以，家长应该让孩子体验自然结果，从而培养他们的责任心。需要注意的是，让孩子体验自然后果有一个前提条件，那就是确保不会出现安全问题。

小辉的生日蛋糕——总包办体验

小辉8岁生日，买了一个大蛋糕，邀请了很多同学来家里庆祝。大家一起唱生日歌，都感觉很快乐。

切蛋糕的时候，小辉刚刚切下去一刀，妈妈就迅速把刀抢过来，动作麻利地把蛋糕切好，并分给同学们。

小辉表情有些不愉快，问妈妈："你为什么不让我自己切？"

妈妈说："你不行，我怕你切得到处都是，蛋糕被你弄得乱七八糟……"

小辉无奈地说："那这还算不算是我请同学们吃蛋糕呢？"

小辉过生日，想作为小主人自己来切蛋糕，妈妈却抢着帮小辉切了。妈妈不相信小辉可以做好，这种不相信导致妈妈什么事都抢着替孩子做。如此一来，孩子就失去了展示自己能力的机会，更失去了为自己做主的机会。对于小辉来说，他还会感觉自己很丢面子，因为在同学面前，妈妈仍是把他当作小宝宝。

妈妈抢着帮小辉切蛋糕，除了不信任孩子的能力之外，她还怕小辉把蛋糕切得乱七八糟弄脏了桌子、衣服之类的，到时候不好收拾。妈妈主动帮忙的背后，也有为自己打算的成分。

妈妈以爱为借口，看似是在帮忙，其实是包办孩子的生活，干涉了孩子的自主性体验。这种做法，没有从孩子的需求出发，剥夺了孩子作为主角的权利，否定了孩子的能力。短期的后果是让孩子感觉没面子，失去了体验的快乐，破坏了一次很好的成长机会。从长期后果来看，如果小辉是个顺应型的孩子，那么小辉长大后可能会缺乏自信，失去主见，不愿主动承担责任；如果小辉是叛逆型孩子，那么妈妈这种界限不清的干涉，可能会引发小辉为了争夺自己做主的权利做出叛逆的行为。长此以往，他可能成为一个做事鲁莽的孩子，并且长大后也会形成控制他人、替别人做主的强硬性格。

小辉妈妈也是使用了父母第二个偷走孩子责任心的"神技"——总包办！她包办的是孩子的主动性体验。这种做法容易挫伤孩子的积极性，阻碍孩子通过承担责任而获得成功喜悦的体验，不利于孩子自信心的培养。

小辉妈妈应该怎么做才对呢？

首先，妈妈在这个场合不宜过多参与。今天是小辉的生日，他是这次生日宴会的主角，而前来参加的客人都是小辉的同学、朋友，妈妈总是在场，会让孩子们感觉拘束。所以，妈妈在这个场合尽量少参与，让孩子们自己去庆祝就好。

其次，妈妈如果担心，可以多做一些预防性的工作。比如，为了避免孩子弄伤手，可以准备一把不锋利的蛋糕刀；为了避免弄脏桌子，可以在桌子上铺一些报纸或者给桌子铺上塑料薄膜；为了避免孩子们把房间弄得乱七八糟，可以多准备一些一次性盘子，还有足够大的垃圾桶……这样，妈妈就能够减少一些担心了。当然，如果仍有一些不能预料的事情发生，妈妈也要做好包容的心理准备。

最后，妈妈可以做个"随叫随到，不叫不到"的后勤人员，给儿子最大的支持！难得有这种做主角的机会，小辉一定想"露一手"，在同学和朋友面前表现一下。无论是切蛋糕，还是在同学朋友面前讲话，都会给他带来快乐，以及归属感。而妈妈甘愿做配角，在"后勤"方面支持儿子，小辉一定能够感受妈妈对他的包容以及鼓励，从而充满感激。

艳艳的新衣服——总包办思想

夏天快要到了，妈妈带着四岁的艳艳去买新裙子。

妈妈问艳艳："艳艳，你喜欢哪一条裙子？"

艳艳说："妈妈，我喜欢这条粉色的。"

妈妈摇摇头说："你怎么会选择这一条啊？它一点儿也不好，你看这个布料，非常容易开线，还有这个钻石装饰，一看就是粘上去的，没两天估计就掉了。你还是看看那条蓝色的吧，我感觉那条蓝色的裙子非常好。"

妈妈一边说着，一边拿起蓝色裙子，不容艳艳反抗，直接去结账了。

又是夏天快到了，艳艳已经六岁了。妈妈带着艳艳去买凉鞋。

妈妈问艳艳："艳艳，你喜欢哪一双鞋子？"

艳艳说："嗯……我不知道，妈妈你替我选吧。"

妈妈说："你这孩子都这么大了，怎么一点儿主见都没有？自己喜欢哪一双都不知道吗？那就买这双红色的吧，我看挺好看的。"

妈妈一边唠叨着，一边拿着红色凉鞋去结账了，艳艳无所谓地跟在后面。

艳艳是怎么失去主见的呢？从前后两个场景对比可以看出，是妈妈对她的选择多次否定，导致她放弃了选择，最终完全把选择权交给了妈妈。在第一个场景中，妈妈看似征求了艳艳的意见，但是并不是真的让艳艳选择，她只是随口问问罢了。如果艳艳的选择合她的心意，那么皆大欢喜；如果艳艳的选择和她不同，那么她完全按照自己的意愿选择，甚至连解释

都嫌麻烦。在她看来，艳艳只是个小孩子，根本不懂得怎么去选择，自己只要把她的吃穿照顾好就行了。

艳艳妈妈用这种"你不行，让我来"的方式，剥夺了艳艳表达思想以及选择的权利。等艳艳长到 6 岁时，妈妈又觉得艳艳应该有主见——她虽然嘴上这么说，但是从她后面的行为可以看出，她内心依然是要替艳艳做主的，如果这个时候艳艳进行了选择，妈妈也一样会否定掉。

艳艳妈妈通过一而再，再而三地否定孩子，获得了自己全权负责的"妈妈的权威"。她什么都帮艳艳选择，看似把艳艳照顾得好好的，但是对于艳艳的伤害却是非常大的。长此以往，艳艳将对什么事情都失去兴趣，她放弃了主动思考，也放弃了选择权。等她长大之后，面临就业、婚姻等问题时，她仍不知道如何抉择，仍会依靠妈妈。

艳艳妈妈使用了父母第二个偷走孩子责任心的"神技"——总包办！她总包办的是孩子的选择及思想。有些父母是因为不信任孩子的能力，怕孩子选择不对，所以帮孩子选择；也有些父母想让孩子按照自己的想法成长，因此帮孩子选择。无论是哪一种，其实都是在毁孩子。他们的这种做法，是在折断孩子的羽翼，让孩子将来无法独立生存。

所以，在一定范围内（完全超出孩子能力范围的不要让孩子独自选择），父母要将选择权交给孩子，让他们自己做主，自己选择。开始的时候，他们也许不会选，也许会选错，但是时间久了，他们就能知道自己想要什么，自己该如何选择了。

雪琪打碎了碗——不宽容

晚饭后，爸爸妈妈收拾餐桌，8岁的雪琪忽然提出："我能帮忙刷碗吗？"

妈妈说："你会刷吗？别一会儿再把碗摔坏了……"

雪琪说："我同学说她在家总刷碗，我想我应该可以的。"

妈妈说："……好吧，你可千万小心啊。"

雪琪得到了妈妈许可，开开心心地抱着碗进了厨房。妈妈不放心，跟到厨房在一旁站着看。雪琪第一次刷碗，动作很笨拙，妈妈有几次忍不住说："不是这样的……哎呀，你怎么笨手笨脚的……哎，不对不对……你这样不行……"

忽然"啪"的一声，一只碗从雪琪手中滑落，掉到地上摔坏了！雪琪吓了一跳！

妈妈立刻冲上去，一把推开雪琪："你快别刷了，笨手笨脚的，都不够我着急的。让你小心点儿，你就是不听，我都说你不行了，你非要帮倒忙，快出去吧，别给我添乱了！"

雪琪又委屈又生气，躲进房间哭起来。

过年了，爷爷、奶奶还有姑姑、姑父都来雪琪家吃饭，爸爸妈妈一直在厨房忙着做饭，辛苦了一下午。晚饭后一家人都抢着收碗，只有雪琪自己跑去看电视了。奶奶略带不满地问雪琪："雪琪，爸爸妈妈辛苦了一下午，你怎么不帮忙去洗碗呢？"

雪琪说："我可不敢去，要是再把碗摔坏了，我妈肯定会骂我！"

雪琪第一次刷碗，结果是不愉快的。妈妈不够信任雪琪，也没有提供"教练"式的帮助，雪琪以为自己能够做到，但是却搞砸了。第一次刷碗对雪琪来说，是一次不好的体验，她当时的心情一定非常不好受。

但是妈妈完全没有顾及孩子的感受，直接劈头盖脸一顿训斥，责备雪琪不小心，还嫌弃雪琪给自己添乱。先不说妈妈在女儿刷碗过程中指指点点影响了女儿，单说妈妈对女儿的不信任、不宽容，就已经在女儿的挫败感上又加了一层霜。

其实，父母在生活中也经常会有不小心的时候，但是人总是容易原谅自己，却不容易原谅别人。如果妈妈自己打碎了碗，可能说一句"哎呀，手滑了"，然后把碎碗打扫干净就过去了。但是对于女儿，一个刚刚开始尝试新技能的孩子，却没有给予接纳和理解。我们前面讲过，对待"德行、做人"要严格，对待"技能、做事"要宽松。对于雪琪的失误，妈妈应该宽容对待，这样才是正确的做法。

父母第三个偷走孩子责任心的"神技"——不宽容！

"不宽容"会偷走孩子的责任心。雪琪之所以不再帮忙刷碗，是为了避免再次出现把碗打碎的情况，避免再次被妈妈数落。虽然避免了被数落，但是雪琪也失去了承担责任的勇气，失去了做事的积极性。

对于孩子来说，他们在最初都是愿意做事的，比如刷碗、拖地、洗衣服，他们都和妈妈抢着干。正是因为父母的不信任、不指导，以及出现错误后的数落指责，让孩子不再愿意承担责任，也不再愿意做事。其实孩子最初做一件事情时，出现一些错误也在所难免，这时候，父母要及时安抚、鼓励、帮助，并且肯定孩子对责任的担当，这样，孩子就会愿意进行更多的尝试，也愿意承担更多的责任。

下面让我们来看两个小案例，看看妈妈采用了不同的处理方式，会有什么不同的效果。

故事一：

男孩在客厅里玩球。客厅的博古架上放着一只美丽的花瓶。"咚"的一声，男孩手上的球结结实实地砸到博古架上，那只花瓶被砸得一歪，打了两个转，落到地上，碎了。

妈妈还没有下班，男孩悄悄潜进妈妈的书房，找来胶水，将那只打碎的花瓶一块一块重新粘起来，又放回博古架上。

妈妈一下班就看到了那只被打碎的花瓶。

餐桌上,她装作不经意地问:"孩子,是不是你打碎了花瓶?"

男孩子的心开始"咚咚"狂跳,说道:"不是,是邻居家的猫打碎的。早上窗户没有关好,猫从窗户里跳了进来,又跳到架子上,把那只花瓶碰到地上了。是我把碎花瓶粘起来的。"

妈妈听了男孩的解释,从屋里捧出一盒巧克力。男孩感觉很得意,没想到妈妈居然相信了他的话,还给了他巧克力作为奖赏——那可是妈妈平素轻易不给的奖品。

"孩子,妈妈要为你今天做的事奖励你三块巧克力。第一块,因为你出色的构思能力。你说猫从窗户跳进来把花瓶摔碎了,这个理由听上去非常合理,但是这是你虚构的,因为早上我把窗户关得死死的,猫根本跳不进来。虽然你撒了谎,但是妈妈还是很欣赏你的构思能力,大胆开发你的想象力,妈妈相信你将来可能会是一位出色的小说家。第二块,因为你出色的修复能力。你用胶水把那只碎了的花瓶修复得非常好,你一定下了很大的工夫。第三块巧克力,妈妈向你表示道歉。作为妈妈,我不应该把花瓶放在容易摔碎的地方,我忘记了家里有一个热爱体育运动的男子汉,希望你没有被吓到或者被砸到。"

男孩低下头,轻轻走到妈妈面前说:"妈妈,我错了,我不应该得到你的奖励。"

"你应该得到的,现在妈妈再给你加一块,因为你的诚实!"

打碎了一只花瓶,说了一次谎,男孩得到了四块巧克力的奖赏,以及终身谨记的"出了问题敢担当"的责任心。

故事二:

有一个男孩,不小心打碎了家里的花瓶。他正着急,妈妈走过来对他说:"既然你不是故意的,妈妈也不多责怪你。但是花瓶不能白白打碎,你能不能从中受到一点儿启发呢?"小男孩只好捡起碎片，认真研究起来。后来，每次他打破东西，他总要认真地思考、研究一番。

终于有一天，这个男孩发现了碎片也有一定规律：大碎片与次大碎片的质量比例是16∶1，次大碎片与中等碎片的质量比例也是16∶1，中等碎片与较小碎片也是这样。他将这个发现应用到天文学和考古研究中，于是将很多破碎文物、陨石恢复原貌。这个男孩就是丹麦著名物理学家——雅各布·博尔。

要想培养孩子的责任感，父母需要先自我审视，看看自己是否在不知不觉中用"坏榜样、总包办、不宽容"这三项"神技"偷走了孩子的责任心。有则改之，无则加勉，父母只有不断自我学习、自我成长，才能更好地培养孩子的德行与责任。

第三节　怎样培养孩子的责任心

信任、帮助、无条件的爱——培养责任心的"三大法宝"

前面我们讲过，很多时候，正是因为父母的问题，让孩子的责任心一点一点被偷走，在这一节里面，我们提供一些案例，提供一些思考，从而让爸爸妈妈避免前面讲到的错误。在这一节里面，我们还会告诉那些深深爱着孩子却不知道如何去爱的爸爸妈妈们，该如何从小培养孩子的责任心，如何把责任心还给孩子。

首先，父母要学会放手，不包办孩子的生活。属于孩子责任范围内的事情，如按时起床、穿衣、吃饭、收拾书包、按时上学、写作业等，这些都是孩子自己的事情，应该放手让孩子自己做。其次，父母要有意识地留给孩子一些力所能及的家务事来做，比如洗碗、扫地、照顾小动物等，这样就能够通过这些生活细节，让孩子感受到做事的快乐和成就感，从而有效培养孩子的责任心。

有三句父母应该告诉孩子的话，送给平时喜欢包办孩子生活的父母：

爸爸妈妈相信你，这些事你有能力自己做。

如果你遇到困难，爸爸妈妈愿意和你一起来讨论"该怎么办"。

讨论之后你依然做不到，没关系，爸爸妈妈会帮你做。

第一句话传递给孩子的是信任，信任会让孩子充满信心。

第二句话传递给孩子的是帮助，会让孩子很安心。孩子毕竟年龄小，能力有限，有些事情他们还做不到。如果他们知道爸爸妈妈在他们遇到困难的时候会提供指导以及帮助，他们就不会觉得孤单，就愿意去尝试更多的事情了。

第三句话传递给孩子的是无条件的爱。孩子感受到爸爸妈妈的爱，知道爸爸妈妈永远是自己心灵的港湾，就会没有后顾之忧，就会更有信心和勇气去面对问题。

小月养猫记——不包办孩子的生活

小月是个独生女，因为爸爸妈妈平时很娇惯她，使得她有些娇气，不太会关心别人。爸爸妈妈一直在想办法，想让小月变成一个懂得关心别人的孩子。

有一天，小月跟爸爸妈妈说想要养猫。爸爸给小月三个月时间思考、查阅资料，让小月知晓养猫需要做哪些准备，并且让她确定，养了之后能否负责到底。三个月后，小月确定要养猫，于是爸爸妈妈为她买回来一只两个月大的小猫。

小月很开心，每天都跟小猫一起玩。爸爸跟小月约定，两个月内爸爸妈妈来负责喂猫粮除猫砂，小月要跟着学习；两个月以后，小月要全权负责。小月答应了。

两个月后，轮到小月负责喂猫了，但是小月总是记不住，总要一遍遍提醒。可以提醒多了，小月就烦了，一边喂猫一边发小脾气。

有一天，妈妈接小月放学，得知小月作业很多，就自己不动声响地喂了猫除了猫砂，让小月安心写作业。

爸爸回来后问小月："已经喂好猫了吗？"

小月理直气壮地说："我是想喂啊，可是妈妈已经喂完了！"

爸爸装作非常生气的样子，当着小月的面开始责备妈妈："猫是你要养的吗？我们约定的是你来喂猫吗？你为什么要替小月来喂猫呢？那你怎么不替小月写作业呢？"

妈妈理解了爸爸的意思，做委屈状，没有说话。

第二天，小月一放学就去喂猫了。

生活中，父母们经常以"爱孩子"的名义，替孩子穿衣脱鞋，替孩子整理床铺、收拾房间……这样的场景，我们司空见惯。父母是好心，但用错了方式。如果从小就把孩子分内的事揽到了自己身上，时间一长，孩子潜意识里就会认为这些事情本来就应该是爸爸妈妈干的，跟自己无关，这样的孩子长大了怎么能有责任心？

养猫看似一件很简单的事情，但实际上做起来并不容易。这是一个关于责任划分的典型案例。在养猫前爸爸和女儿约定，一定要对猫咪负责，而且非常贴心地留出两个月时间作为过渡，就是希望女儿能够在这段时间学会如何养猫，以后能够独自承担养猫的责任。但是小月毕竟是孩子，会出现懒惰、失职、逃避责任之类的情况。果然，两个月之后，小月没有很好地履行自己的责任。这个时候其实就是最好的教育契机。案例中的妈妈选择了包办替代，这是不利于培养孩子责任心的。幸好有个智慧的爸爸，他假装指责妈妈的包办代替，其实是想让女儿知道妈妈的做法是错误的，每个人都需要认真对待自己的责任。这样委婉的告知，在给女儿留下了情面的同时，女儿也会因为自己的错误导致妈妈被指责而感到内疚和羞愧。两者结合起来，就促成了孩子摆正态度、履行责任的动力。

建议广大父母，在孩子力所能及的范围内，不要过多地干涉孩子的生活。属于孩子责任范围内的事情，就放手让孩子自己去干吧，只要不出现安全问题，就应该鼓励孩子多尝试。只有当孩子力所不及的时候，才需要父母陪伴在他身边，帮助他分析事情的原因，引导他想出解决的办法。父母正确的角色定位应该是做孩子的"军师"，而不是"管家"。

不包办孩子的生活，孩子才能为自己担负起责任，才能一步步提升责任心。

7月的小皮靴——不包办孩子的思想

妈妈要带女儿逛街，女儿拿出一双小皮靴，想穿着它出去。

女儿说："妈妈，这双鞋漂亮，我要穿这双鞋。"

妈妈说："现在是7月份，外面很热的，别人恨不得穿拖鞋出门，你穿个皮靴出门，回来鞋里就能养鱼了！"

女儿说："不，我就要穿！"

妈妈看孩子很坚决，开玩笑地说："好吧，你穿吧，回家的时候别忘了买两条小金鱼！"

女儿不高兴地说："哼！"

妈妈带女儿逛了一会儿，女儿就热得受不了了。

女儿说："妈妈，我热！我的袜子都湿透了！好难受！"

妈妈说："这么热的天，皮靴子不透气，脚上出的汗把袜子都湿透了，贴在脚上黏黏的，一定很不舒服吧？妈妈要是像你这样穿一定也很难受。现在我们要怎么办呢？"

女儿说："妈妈我错了！我们现在就回家吧！我两只脚都快煮熟了，我以后再也不在夏天穿皮靴出门了！"

妈妈说："好啊，我们赶紧回家吧！"

除了不包办生活以外，还不要包办孩子的思想。包办思想比包办生活更为隐性，更易被忽略，但也更有危害。包办思想的后果，要么孩子顺从了父母，变得没有自己的主意、想法，失去了选择的能力；要么孩子叛逆，引发和父母的激烈对抗。

家长都希望把自己的经验传授给孩子，免得孩子受罪。然而孩子一定要自己去体验，才能有所收获，这是成长的规律。所以，要允许孩子去探索，去体验，去尝试，去走弯路，这恰恰是尊重了教育规律、爱孩子的一种体现。

在上面的案例中，女儿非要大热天穿靴子，妈妈知道很热，但无法把这种感觉让孩子意识到，因为孩子没有体验过。在女儿一再的坚持下，妈妈决定让孩子自己去体验自然后果。这个决定显然是正确的，而实际的结果也说明，这比说教 100 次都管用。当女儿亲身体验到夏天穿皮靴酷热难耐后，妈妈适时地与孩子共情，并讲出了其中的道理，最后引导孩子自己想出解决办法。这个妈妈无疑是智慧的。在我们遇到此类事情时，也应该尝试让孩子去体验自然后果，这样孩子不仅可以从中获得最直接、最深刻的经验，也能学会对自己的行为负责。

我要自己涂润肤霜——不包办孩子的思想

小珊今年6岁，宁宁小她3岁。晚上姐妹俩洗完澡，宁宁看到姐姐自己在涂润肤霜感觉很好玩，就吵吵起来："妈妈！我也要自己涂润肤霜！"

妈妈说："我已经给你涂过润肤霜了，再涂就过量了，对你皮肤不好。"

宁宁摇晃着妈妈的手："不嘛！我就要自己涂润肤霜！"

妈妈说："都告诉过你了，再涂就多了！明天你再自己涂！"

宁宁躺在床上又是打滚又是哭："我就是要涂！我就要！"

妈妈抬高音量："你想涂就涂吧！到时候脸痒痒可别怪我没提醒你！"

妈妈把润肤霜扔在了宁宁的被子上，转身离开。宁宁哭着追上来抱着妈妈的腿……

事情发生后妈妈咨询了指导师，通过学习，妈妈反思了自己对宁宁的包办，于是及时做出改变。

第二天晚上洗完澡，当宁宁再次要求自己涂润肤霜时，妈妈只是叮嘱了一下："不要涂太多啊！"

姐妹俩异口同声回答："好！"

小珊有经验，涂得均匀且量也不多。但是宁宁却抠了大量的润肤霜在手上，脸上抹了几下之后开始往手上脚上涂。小珊也被感染了，也弄了好多开始往手脚上涂。二人一边涂一边开心地笑，更像是在玩涂抹游戏，体验和感受到了涂抹的乐趣。

20分钟后，姐妹俩还在涂润肤霜，妈妈心平气和地问道："现在快到睡觉的时间了。我看你们涂润肤霜涂得很开心，现在涂完了吗？"

"涂完了！"姐妹俩齐声回答。

妈妈说："感觉怎么样啊？皮肤很润吧？"

宁宁说："妈妈，有点儿太香了。"

小珊说："妈妈，我觉得太黏了。"

妈妈认真检查了两个孩子的手脚，然后说："是啊，确实太黏了，好像涂得太多了，你们需要妈妈帮忙清洗一下吗？"

小珊、宁宁异口同声地说："要！"

妈妈打了一盆水先帮宁宁清洗，满盆都是泡泡。

小珊说："妈妈，你看水好脏啊！"

妈妈说："是啊，宁宁手上的润肤霜太多了，所以洗出来这么多泡泡，要是都留着会伤害皮肤。"

妈妈前后换了三盆水才帮小珊、宁宁清洗干净。

妈妈说："现在你们两个人感觉怎么样？"

小珊说："现在舒服多了，刚才黏糊糊的太难受了！"

宁宁说："是啊，现在好舒服，我以后再也不涂那么多了！"

成人总是想试图把我们已有的人生经验直接传递给孩子，避免他们走弯路。所以对一些"显而易见会有不好结果"的事情，父母就会直接回绝。但是对于孩子来说，他们并不理解，因此常常和父母爆发冲突。

第一天晚上，宁宁想自己涂润肤霜。对于3岁的宁宁来说，模仿是一个主要的学习途径，看到姐姐自己涂，宁宁也想自己涂。对于宁宁的主动尝试，我们应该鼓励，但是从妈妈的角度来说，她明白润肤霜涂多了对皮肤有害，还需要花费时间进行清洗。于是，妈妈讲了一堆道理之后，对孩子发了脾气，拒绝了孩子。

　　然而，对于 3 岁的宁宁来说，她不明白妈妈说的"过量"是什么意思，也不清楚妈妈说的"对皮肤不好"是怎么不好，她只想亲身体验一下！然而妈妈没有尊重孩子的需求，她试图用"告知后果""讲道理"的方法拒绝孩子。但是孩子在没有体验之前，讲道理显然是没有作用的。妈妈想把自己的思维逻辑以及生活经验强加给孩子，结果把孩子惹得哇哇大哭，犯了包办孩子思想的错误。

　　每个孩子的成长，都需要自己去探索，探索的过程其实就是一个试错的过程。因为是在探索和尝试，所以孩子一定会犯错误。但是他们会自己从中总结经验教训，逐步掌握正确处理问题的方法。因此，我们要允许孩子去犯错误。

　　妈妈通过指导师的指导，在第二天晚上面对同样的要求时，妈妈放手让孩子自己去体验，整个过程都没有去打扰。孩子不仅获得了快乐，更感受到了"太香""黏糊糊"等不舒服的感觉，在清洗后感受到了"舒服多了"，并自己得到了经验教训——"以后再也不涂那么多了"。

　　妈妈学会了放手，允许孩子自己去体验，虽然浪费了一些润肤霜和水，浪费了一些清理的时间，却换来了孩子宝贵的体验，因此这些浪费并不是浪费，而是孩子在成长过程中付出的成本。孩子在越小的年龄体验，成本越低，如果今天父母为了避免这样的浪费和麻烦不让孩子去尝试，那么明天父母就需要消耗更多的精力去处理亲子关系，去弥补孩子因为没有体验而带来的能力缺失。

　　不包办孩子的思想，放手让孩子按照自己的想法去试错，当孩子体验到自然后果时，他就会为自己的想法负责，逐步建立起责任心。

小贴士：放手原则

第一，只要没有安全问题，不违反做人原则，不触及道德底线，都可以尝试放手。

第二，有体验才会有经验，让孩子多多体验，增长经验。

第三，当父母自身有情绪时，先处理情绪后处理问题（宽容孩子）。

第四，关注过程，陪伴孩子，当孩子求助时予以帮助。

第五，还责任于孩子，让孩子自己承担自然后果。

第六，事后，心平气和地跟孩子讨论交流，引导孩子思考该如何改进。

第七，相信孩子一定行。

柠檬汁好酸啊——宽容孩子的错误

6岁的女儿邀请朋友来家里玩，她想要为大家准备柠檬汁喝。榨汁的时候女儿要把整个柠檬都放进去，妈妈不同意。

妈妈说："放两片就够了，放多了就会太酸了。"

女儿说："说好了我自己来做的，我就要放一整个！"

妈妈说："妈妈不是想干涉你，而是要提醒你，你放整个柠檬进去，榨出来的汁就会很酸，到时候会没人喝的。"

女儿不服气地说："没人喝，我就自己都喝了！"

做完柠檬汁，女儿尝了一小口，立马吐出来了！

妈妈说："是不是太酸了？你现在要把这杯都喝了吗？"

女儿说："……又苦又酸，真难喝！"

妈妈说："那怎么办呢？刚才你答应了都喝掉。"

女儿说："……太难喝了，我能不喝吗？"

妈妈笑了，说："妈妈当然不会逼你真的都喝掉，但是你需要为这个结果负责，想想看，有什么办法让它不那么酸吗？"

女儿说："那，再加点儿水可以吗？"

妈妈说："你可以试试看。"

女儿加了点水，尝了一下说："不那么酸了，可是也不甜。那能不能再加点儿蜂蜜？"

妈妈鼓励地看着女儿，女儿继续一边加蜂蜜一边尝。

女儿说："妈妈，我做好了，这次好喝了！"

妈妈说："太好了，女儿第一次做柠檬汁成功了！妈妈很高兴，你愿意承担自己做事的后果，还能自己想办法成功解决问题！"

　　父母要想让孩子学会承担责任，就要让他承担在他能力范围之内的责任；超出他能力范围，父母就不要强迫他们承担。以上面的故事为例，一开始的时候女儿逞能，许诺如果柠檬汁不好喝，就自己全部喝掉，但是当她发现柠檬汁太酸太苦的时候，就发现自己喝不掉了。这个时候妈妈需要用宽容来对待孩子的错误，不能只为了让孩子长教训而忽略了爱和帮助。

　　案例中的妈妈，通过启发，引导孩子思考怎么才能让柠檬汁变得不酸，降低了孩子承担后果的难度。在妈妈的启发下，女儿积极思考，找到了解决问题的办法。妈妈这样做，一方面提升了女儿的思考能力；另一方面，也让女儿知道，出了问题要敢担当，不要害怕错误，只要积极想办法，事情就能很好地得到解决。

　　当孩子犯了错误的时候，父母也许会很生气，也许会有情绪。此时切忌如狂风暴雨一般把气一股脑撒在孩子身上，更切忌抓住孩子的把柄和错误不放，逼孩子承担责任。父母如果这样做，就是在惩罚孩子，不仅不利于孩子改正错误，也不利于培养他们的责任心。如果孩子被迫接受了惩罚，不仅破坏亲子关系，同时也会使孩子失去做事的积极性，因为但凡自己犯了错误，苦果子都要自己吃，还不如不做事。

从孩子的角度来说，当犯了错误，他自己比谁都更加着急，心中还会充满恐惧，害怕遭受父母的批评。但是孩子毕竟是孩子，面对错误，他们慌了手脚，不懂得怎样去解决、去弥补。这个时候，父母要做好孩子的"良师"及"益友"，先宽容理解他们，然后对他们进行引导，帮他们改正错误，找到解决的办法。这样，我们才能尽到父母应尽的责任。

那些恨铁不成钢、急于望子成龙的父母们，请体谅、宽容我们的孩子吧！帮助他们仔细分析犯错的原因，引导他们想出解决问题的方法，这才是孩子所需要的爱。

第四节　培养责任心的误区

误区一：惩罚一定能让孩子学会承担责任

在培养孩子责任心的过程中，父母们常常会不自觉地陷入一些误区当中，造成矫枉过正。我们先来看看下面的案例。

上周五，小诺在学校里突然感觉身体不舒服，老师借了他15元钱，让他打车回家。妈妈知道后，打电话给老师表示感谢，并给了小诺15元，让他第二天还给老师。

过了几天，妈妈因为别的事情在和老师沟通的时候，得知老师并没有收到小诺的钱。妈妈感觉非常生气，等小诺晚上回家，妈妈强忍着怒火跟孩子说："儿子，你觉得'诚实'对一个人来说重不重要？"

小诺说："重要啊！怎么了？"

妈妈说："我今天问你们老师了，她说你没有还钱。我想知道怎么回事！"

小诺低下头说："我知道错了，我和朋友把钱花了。"

妈妈说："那你要为自己的行为承担责任。你也知道诚实很重要，但是在这件事上你却撒了谎，所以你要接受惩罚。"

小诺问："怎么罚？"

妈妈说："罚你一个月不许玩电脑。"

小诺一下不高兴了："凭什么？为什么拿我最喜欢的电脑来罚我？我不干，我要换其他的！"

妈妈说："就是因为电脑是你最喜欢的，所以才拿这个来罚你，这样才能让你长记性！"

小诺非常不情愿，气呼呼地回自己房间了。

前面我们讲过，对待孩子要做到宽严有度。但是很多家长把宽严有度的"严"理解为惩罚孩子。他们认为惩罚孩子就可以让他承担责任，让他长记性。这样的做法自然是不对的。如果家长仅仅把关注点放在了惩罚孩子上面，而不能让孩子通过这件事获得经验，得到成长，那就得不偿失了。

案例中，当妈妈听说小诺没有把 15 元钱还给老师，马上就生气起来，小诺一回家就问他"诚实"是否重要。这说明妈妈在没有把事情弄清之前，就已经把小诺的行为定义为"欺骗""撒谎"，而且把这件事上升到道德层面。紧接着，当小诺承认自己错误的时候，妈妈不经和小诺商量，就要罚他一个月不许玩电脑。当小诺提出异议时，妈妈解释说："就是因为电脑是你最喜欢的，所以才拿这个来罚你，这样才能让你长记性！"最终，两个人不欢而散。

我们说过，对于"德行、做人"方面，要严格要求。但是"严"并不是惩罚。惩罚会让人痛苦，而痛苦会让人产生逆反心理。上文中，小诺在妈妈的追问下，第一时间承认了错误，这一点，我们是应该提出表扬的。但是小诺的认错换来的却是惩罚。这样的结果让小诺很不满："我是错了，但是凭什么罚我？"这样的心理产生后，孩子会关注于"对抗惩罚"，而不去思考"我为什么错了""我如何弥补我的错误""我如何吸取教训"等。

惩罚是因错误而起，如果孩子接受了惩罚，他会有这样一种心理，"既然你惩罚了我，我就不欠你的了，我的错误也偿还了"。一旦孩子产生这样的认知，那么下一次就不怕犯错了，反正犯了错最多就是被罚，有什么关系呢？这就是为什么很多孩子犯了错、挨了打，却屡禁不止的原因。

所以，培养孩子责任心的第一个误区，就是以为让孩子接受惩罚就是让孩子承担责任。这种做法是非常不对的，不仅不利于培养孩子的责任心，还会大大削减孩子敢于承担责任的勇气，造成孩子喜欢推卸责任、逃避责任，养成孩子欺骗、撒谎等习惯。

那么，小诺妈妈要想培养孩子的责任心，正确的做法是什么呢？

首先，小诺妈妈确实需要"严"，这个"严"是"重视"这件事情。她可以严肃地跟小诺谈谈，了解一下事情的经过和原委，问问小诺的想法。

其次，如果确实是小诺错了，先肯定小诺敢于承担责任，再引导小诺认识到自己的具体错误，"为什么错了""错在哪里了""这个错误带来了哪些后果""怎么去补救和解决"等。

再次，在小诺承担了责任并积极改正和弥补的时候，给小诺提供帮助和鼓励。

最后，当小诺成功改正错误之后，和孩子一起总结经验教训，并让他在以后的成长中引以为戒。

这样的顺序做下来，才有助于培养孩子的责任心，让他敢于面对自己的错误，不逃避，不找借口，而是勇于承担，积极去想办法解决。

误区二：孩子的事情必须让他自己做

小时候，小海每次摔倒，爸爸总是站得远远的，说："男子汉，自己站起来！"当他每次跟爸爸说"爸爸，你帮帮我"的时候，爸爸也总是说："男子汉，自己的事情自己做。"

爸爸说，他要培养一个有责任心、有担当的男子汉。

慢慢地，小海的个头儿超过了爸爸，爸爸也慢慢变老了。

这一天，爸爸不小心摔伤了腿，小海陪爸爸在医院打了石膏之后一起回家，到了楼道门口，小海几步就跑上了一层楼梯，爸爸在楼梯下面焦急地喊儿子："小海，你别跑那么快，我拄着双拐，你来帮帮我啊！"

小海在楼梯上层高高站着没有动，冷冷地看着爸爸说："自己的事情自己做！"

当这位爸爸跟我们谈起这件事情的时候，在场的每个人都有些动容。我们能理解这位中年爸爸，在那一刻心里有多痛。但是，是谁让孩子变成现在这样冷漠无情？没有别人，就是这位父亲本人。

每个爸爸都希望自己的儿子是个顶天立地的男子汉，这是再正常不过的期望了，完全无可厚非。上文中的爸爸，也有这样的期望，但是他的想法和做法都是错的。当孩子摔倒时，他认为男子汉要受得了挫折，靠自己站起来才是男人。所以孩子摔倒了他虽然也心疼，但是他认为那是婆婆妈妈的软弱表现，因此不愿意在孩子面前表露出来。当孩子向他求助时，他认为男孩就要独立、要强，自己的事情自己做，于是他拒绝提供帮助。

从这位爸爸的表述当中，我们能够感受到一个男人对儿子深厚的爱，但是这份爱却把所有关于"温暖"的部分压抑了。在孩子脆弱的时候，如果爸爸冷冰冰地狠心推开孩子，这样确实造就了孩子独立、不依赖他人的性格，但是也同样造就了孩子的冷漠——因为孩子从小感受不到亲情的温暖，自然也就给不出温暖。一个不曾拥有过爱的人，是不懂得爱别人的；一个不被关爱的孩子，是不懂得关心他人、互助互爱的。所以当爸爸拄着拐，需要孩子帮助的时候，孩子也让爸爸"自己的事情自己做"。

我们再来看看责任心的定义：自己的事情自己做，分内的事情尽力做，出了问题敢担当。

培养孩子的责任心，确实需要适当放手，让孩子自己的事情自己做。但是还有一句补充的话我们也不要忘记了，那就是"分内的事情尽力做"。什么是分内的事情呢？就是本分之内的事情，自己应该负责任的事情。比如妈妈生病了，孩子给妈妈倒杯水，这就是分内的事情。在被需要的时候，尽力做好自己本分之内的事情，这就是"分内的事情尽力做"。

不只是给妈妈倒水，关心他人、帮助他人、珍爱生命、热爱生活、努力学习、关心集体、尊重师长、团结同学、孝敬父母、积极向上……这些都是分内的事，是孩子应该承担的责任。

显然，爸爸只教会了孩子自己的事情自己做，却没有教孩子分内的事情尽力做。连爸爸自己也没有做好分内的事，他把"放手"当成了"撒手"，在孩子需要爱和帮助的时候，没有施以援手，没有做好分内的事。

　　一切责任心的培养，都根植在爱与帮助的土壤中。父母只有做好自己分内的事，给予孩子爱与帮助、引导与鼓励，才能慢慢培养起孩子的责任心。当然，不仅仅培养孩子的责任心，照顾孩子生活、关注孩子需求、呵护孩子的情感……这一切，都是我们父母分内的责任。

第五章

先做好夫妻，再做好父母——
良好的夫妻关系是孩子健康成长的根本

我们已经认识到，要培养好孩子，要了解孩子的成长规律，要掌握陪伴与共情的方法，还要重点培养孩子的德行与责任。这三层培土的培植，是家长的重要责任。

和以上三层培土相比，第四层培土——夫妻关系，是最重要的一层。在家庭关系中，夫妻关系和亲子关系都很重要，但是夫妻关系是亲子关系的基础，是孩子成长的环境。只有夫妻关系良好，才能为孩子这颗需要升空的卫星提供足够的燃料，把孩子推入正确的卫星轨道。

一个孩子的成长，离不开父母的养育和家庭的温暖。

一个家庭的组成始于一个男人和一个女人的恋爱。恋爱就像是一级火箭，爱得越强烈越笃定，燃料越足，就越能够把这对男女成功送入婚姻殿堂。

当一对男女进入婚姻关系之后，各自脱离自己的原生家庭，组成新的小家。两个人由各自的人生轨道向对方靠拢，慢慢磨合形成共同的家庭轨道。婚姻关系和谐，两个人的感情深厚，这样就能为孩子的出生储备足够的能源。

当一对夫妻孕育了孩子之后，他们才被称为"父母"，父母因为有了孩子，也多了一项重任，那就是通过 18 年的养育，把孩子——这颗卫星，成功送入他未来的运行轨道。我们不难发现，夫妻关系在先，亲子关系在后，夫妻所组成的稳定家庭是把孩子送入轨道的二级火箭。如果夫妻关系越好，两个人拧成一股绳，助力就越大，孩子将来也就飞得越高、越远；而如果夫妻关系不和谐，燃料不够，爱不足，婚姻则可能半途解体，孩子这颗小卫星可能陨落或者失去助力而偏离孩子的人生轨道；如果夫妻两个人矛盾重重，给孩子的助力方向不一致，一方或双方把孩子看得太重，抓得太紧，都可能造成孩子的成长原地打转，到了该脱离的时候无法脱离——现在，有的孩子离开父母不知道怎么生存，养育了 18 年发现送不出去，还在家里啃老。我们不要埋怨孩子拖累父母，其实是父母这枚火箭不合格，拖累了孩子，导致发射卫星失败了。

只有夫妻关系和谐，两个人目标一致、合理助推，孩子这颗小卫星才能安全送达，未来才可能独立运转，走出属于他的人生轨迹。做父母的就是助推器，而燃料动力来自于父母的夫妻和谐、婚姻幸福。

所以，先做好夫妻，再做好父母，良好的夫妻关系是孩子健康成长的根本。

第一节　夫妻关系对亲子关系的影响

孩子，你抢了我的床——本末倒置的关系

　　请花一点时间，尝试做一个打分：

　　如果按照 100 分满分计算，您对孩子的爱、关注、付出能打多少分？对爱人呢？对自己呢？请您记录下来。

　　很多父母可能打出这样的分数：

　　对孩子的爱100分，对爱人60分，对自己20分；或者对孩子的爱100分，对自己60分，对爱人40分……大多数的父母都是把孩子放在第一位，但是这正是家庭问题的隐患所在。如果您也是这样，我们一起感受一下下面这个案例带给我们的启示。

晚上9点了，爸爸陪3岁的小瑜在床上玩骑大马，小瑜非常开心。

妈妈对父子俩说："太晚了，该睡觉啦！"

小瑜说："爸爸，你出去吧，我和妈妈要睡觉啦！"

爸爸说："臭小子，你敢轰你爸出去！"

小瑜说："这是我和妈妈的房间，你的房间在客厅。"

爸爸说："是你抢了我的房间！"

妈妈说："好了好了，快出去吧，别影响孩子睡觉。"

爸爸说："唉……睡觉吧，睡觉吧！"

爸爸一脸不快地离开了卧室，没有跟妈妈说话。

小瑜3岁了，相信这三年来，一到睡觉时间爸爸就会离开房间到客厅去睡。在小瑜的印象中，这是自然而然且本该如此的。相信小瑜刚刚出生的时候，爸爸妈妈一开始都是心甘情愿这样做的，一切以孩子为中心，牺牲夫妻两个人的私密空间。可是这样一过就是三年，妈妈和儿子都成了习惯，爸爸无形中被排挤了出去。

任何人在家庭中都需要归属感，爸爸也不例外。当孩子轰爸爸出去的时候，爸爸是尴尬的、郁闷的，因为感觉"妻子"被抢走了，而"第三者"是自己三岁的儿子。然而，妈妈并没有意识到孩子已经占据了爸爸的位置，为了不影响孩子，和儿子一起把爸爸"轰"了出去。爸爸此时此刻更是失落了，明明是自己的家，却被家人往外轰，这种感受有苦难言。更要命的，自己的妻子还不能理解。长此以往，夫妻之间的感情会逐渐出现裂痕。

凡是把孩子放在第一位、把亲子关系看得比夫妻关系重要的家庭模式，都是不健康、不稳定的家庭关系：被冷落的一方始终徘徊在没有归属感的边缘，稍有风吹草动就容易动摇、失去抵抗力；而与孩子走得太近的一方，又过于在意孩子的一切，很容易溺爱孩子，包办孩子的生活。他们因为感觉自己对孩子付出太多，就会对孩子抱有高期望、高要求，给孩子造成莫大的压力，不利于孩子的成长。

这样的夫妻、亲子关系，也容易引发家庭矛盾。和孩子走得太近的一方，很容易责备对方不够爱孩子，当他（她）与伴侣日渐疏远的时候，更会把全部的爱全部寄托在孩子身上，反过来依赖孩子，产生不健康的亲子关系，为亲子矛盾留下伏笔。而被疏远的一方，会对伴侣的不满日渐加重，平时心中积累太多的怨气，很容易对伴侣、孩子发火，引发家庭矛盾。

良好的夫妻关系是孩子健康成长的基础。当夫妻关系越来越紧张的时候，家庭氛围会产生变化，父母的情绪状态无法稳定平和，反过来又进一步影响了孩子的情绪。当一个孩子在一个争吵不断、矛盾重重的家庭中生活，他很难不受影响。所以，要想让孩子健康成长，首先要搞好夫妻关系。

在下一节的案例中，就出现了因为夫妻矛盾而引发的亲子矛盾，大家可以分析一下原因并引以为戒。

孩子惹谁了——城门失火，殃及池鱼

下班时间，丈夫打电话给妻子。

丈夫说："媳妇儿啊，我今天晚上有点儿事，晚点儿回家！你们先吃吧，不用管我了！"

妻子说："你是不是又要跟你那些狐朋狗友吃饭、潇洒去？"

丈夫说："怎么说话呢？那些都是工作上的同事，请客吃饭也是我们工作的需要！不说了，我要走了，你们自己吃吧，我忙完了就回去！"

妻子生气地说："跟你客户去过吧！别回来了！"

丈夫说："我……"

妻子不等丈夫说完话就挂了电话。这时候，她看到孩子在客厅玩手机。

妻子生气地说："就知道天天玩手机！作业写完了没？赶紧给我写作业去！考试考不好看我怎么收拾你！"

孩子被吓了一跳，赶忙放下手机，一个人躲进了房间。

对一个孩子来说，父母之间的争吵，无疑是最可怕的恐怖片。在孩子心里，希望爸爸妈妈永远相亲相爱，永远甜甜蜜蜜，也希望爸爸妈妈能够永远爱他。这样的家，才是温暖的避风港，孩子的生存才有了安全和保障。然而，当父母的战争打响之后，孩子这些单纯的愿望，就会瞬间烟消云散。年龄小的孩子会怀疑，是不是自己做错了什么才引发爸爸妈妈的矛盾。于是他变得战战兢兢、多愁善感，小心翼翼地讨好父母，希望能够拯救父母的痛苦；大一些的孩子可能已经看惯了父母的争吵，发现自己也无能为力，于是远远地躲开，变得冷漠、不自信或者叛逆。

案例中的妈妈在电话中讽刺爱人的朋友是狐朋狗友，然后一怒之下让爱人不要回来了，说明为了这种事情争吵应该不是第一次了，矛盾和积怨也不是一天两天了，所以才说了赌气的话、挂了电话。但是妈妈的气却没有地方撒，这个时候刚好有个比自己弱小的孩子在旁边，于是妈妈找到了合适的出气筒，很自然就把气撒在孩子身上了，这也是"踢猫效应"的一个表现。

案例中的妈妈没有好好处理夫妻关系，于是把怒火撒向孩子，最后导致城门失火、殃及池鱼。这是一种极其不负责任的行为，不但对孩子不负责，也是对自己的不负责。为人父母者，首先要调节的就是自己的情绪，再次要理性地去处理问题，把情绪和问题分开，把夫妻之间的问题和亲子之间的问题分开，不应该混为一谈，互相迁怒，这会导致问题更加严重、复杂，到最后整个家庭的氛围都会很差，离幸福越来越远。

大量的家庭实例告诉我们，把亲子关系放在夫妻关系之上，会导致夫妻矛盾，且一方与孩子的亲子关系越好，夫妻关系越容易发生矛盾。而夫妻关系也对亲子关系有直接的影响，夫妻关系不好的时候，容易迁怒孩子，引发亲子矛盾。

所以，我们要牢记，夫妻关系重于亲子关系。在出现亲子冲突的时候，爸爸和妈妈不应该相互指责，而是应该成为强有力的支持者，互帮互助，一同去纠正孩子的错误认知，并向孩子展示父母的原则和底线。

在下一小节的案例中，我们可以看一看，爸爸妈妈是如何依靠夫妻之间的相互支持一同帮助孩子纠正错误的。

遇到问题给爸爸打电话——夫妻同心，其利断金

快放假了，10岁的小陌想用彩沙做几个许愿瓶送给自己的好朋友。她正在专心制作的时候，4岁的妹妹不知道什么时候来到旁边，不小心把刚刚装满的许愿瓶给碰倒了，彩沙洒了一桌子。小陌非常生气，一把就把妹妹推倒在地上，妹妹大声哭了起来。

妈妈赶忙过来扶起妹妹，问："这是怎么了？怎么忽然间就打起来了？"

小陌说："你看看，我好不容易做好的许愿瓶都被她弄坏了。都怪她，讨厌鬼！"

小陌越说越生气，她挥舞着胳膊，想再打妹妹几下。妈妈见小陌手里拿着刚才剪彩沙袋子用的剪刀，赶紧跑过去抢。小陌愣了一下，然后立刻把剪刀抓得更紧了。

妈妈说："把剪刀给我，你这样会伤着妹妹！"

小陌说："就不给，我伤着她了吗？你就知道护着妹妹！"

妈妈说："把剪刀给我！越大越不听话！"妈妈情急之下，打了小陌的屁股，并顺势抢走了小陌手中的剪刀。然后，妈妈抱着妹妹离开了小陌房间。

小陌使劲关上门，一个人哭得特别伤心。妈妈听到小陌的哭声，觉得自己刚才做得有些过分了，想去给孩子道歉。她拨通了爸爸的电话，先咨询了爸爸的意见。

爸爸回到家，全家人一起吃过晚饭，爸爸忽然说要一起开个家庭会议。

爸爸说："我听说今天家里发生了战争，每个女生都参与了，我想跟大家了解一下情况。小婕，你告诉爸爸，你为什么要去动姐姐的许愿瓶呢？"

妹妹说："姐姐那个瓶子特别好看，我想看看。"

爸爸说："你并不是故意弄倒的，对吧？我相信小陌也明白你不是故意的。那妈妈又做了什么呢？"

妈妈说："我今天做得不够好。我看到小陌手里拿着剪刀在小婕面前挥，担心小陌一不小心伤着小婕，就一时心急还打了小陌。小陌，对不起，妈妈做得不对，我向你承认错误。"

爸爸："小陌，我想你并不是要拿剪刀伤妹妹，对吗？"

小陌说："是的，妈妈不抢，我都没注意我拿着剪刀呢。我看妈妈就只顾着担心妹妹，我才特别生气的。"

妈妈说："对不起小陌，妈妈不只是担心妹妹，也担心你受伤，在生气的时候拿着剪刀是很危险的，你们两个都是我的孩子。"

爸爸说："看来大家互相之间都有误会，这件事情也告诉了我们一些道理：第一，拿别人东西的时候要征求对方同意；第二，我们每个人都不能以大欺小，更不能在生气的时候动不动就打人。大家相互监督可以吗？"

大家齐声说"可以"。

爸爸和妈妈会心一笑，爸爸说："太好了，我爱你们每个人，我们现在下楼去玩丢沙包怎么样？"

多子女家庭中，孩子与孩子之间的矛盾冲突不可避免，父母处理不好就很容易变成亲子冲突。这个案例中，妈妈因为一时心急打了孩子，打完之后心中又充满了懊恼。很多妈妈都这样，一气之下打了孩子，看到孩子泪眼婆娑，就变得又后悔又心疼。于是，去向孩子道歉，甚至用满足孩子一些无理要求的方式讨好孩子，以平衡自己的内疚自责。孩子看到父母开始讨好自己，就抓住父母的软肋要挟父母。本文中的妈妈是非常智慧的，她在道歉之前，先向爸爸求助，听听爸爸的建议。可以看得出来，他们的夫妻关系非常不错，否则就可能是另一番场景了。

如果夫妻关系不好，妈妈可能会一边生气一边想："都让你爸惯坏了！"爸爸可能会说："你怎么能打孩子呢？你会不会管教孩子？"最终，孩子的冲突、亲子的矛盾，演变成为夫妻大战。夫妻俩互相指责对方对孩子教育失败，互相抱怨对方没有尽到教育孩子的责任，甚至还可能在孩子面前因为意见不合直接吵起来。

正是因为夫妻关系不错，于是妈妈跟爸爸说了这件事情，爸爸不仅没有因为妈妈做得不够好而跟妈妈吵架，而且还和妈妈一起安排了一场"家庭会议"，给妈妈向小陌道歉的机会。同时，爸爸也让小陌认识到了自身的问题，帮助母女俩化解了误会。这件事能够顺利解决，都是因为夫妻之间相互信任，两个人的目标是一致的。

在家庭关系中，夫妻关系和亲子关系都很重要，但是夫妻关系是亲子关系的基础，是孩子成长的环境。只有夫妻关系良好，才能为孩子这颗需要升空的卫星提供足够的燃料，把孩子推入正确的卫星轨道。因此，每一位家长，从成为父母的那一天起，就更需要重视夫妻关系的经营，这才是真正对孩子负责。

既然夫妻关系对孩子的未来具备如此重要的作用，那么接下来，我们就一同探讨一下，如何才能培养良好的夫妻关系。

第二节　如何培养良好的夫妻关系——沟通

有话就说才是维持夫妻关系的最高技巧

爱上一个人很容易，但朝夕相处却很难。如何才能处理好夫妻关系呢？有人说，夫妻相处最重要的就是能够相互忍耐，相互包容。真的是这样吗？

我们经常接待这样的来访者：

妻子："我们还没结婚的时候，他对我可好了，温柔体贴，爱干净，爱运动；结婚之后，突然发现他身上有很多坏习惯，而且他真的好懒啊！最严重的是，自从我们有了宝宝之后，他就变得不爱说话了，而且还经常一吵架就摔东西、发脾气。"

我们问她："那你是怎么做的？"

妻子："我还能怎么办？我就只能忍啊。都已经是有孩子的人了，总不能随随便便就跟以前一样任性离家出走吧。"

我们又问丈夫。

丈夫："我们自从有了小孩之后，就经常争吵。她变得很奇怪，没有了以前那种温柔可爱，变得很喜欢翻查我的手机，还时不时就要给我打电话查岗。我真的透不过气来了！每次一吵架，她就和我冷战，不理我。"

我们又问他："那你是怎么做的？"

丈夫："我想，自己作为男人，应该多忍让，毕竟她是我老婆，大家一起过日子，能相互包容就相互包容。"

我们建议他们夫妻面对面沟通一下，把相互介意和埋怨的事情都说出来。

原来，丈夫之所以动不动就摔东西，是因为觉得老婆自从有了小孩之后，就冷落了他。没有得到关注的他，想用这样的方法引起爱人的注意。

原来，妻子之所以经常翻看丈夫的手机，是因为有了孩子之后，和丈夫在一起的时间就变少了，于是内心开始害怕——她的家庭是单亲家庭，爸爸就曾经出轨，所以她一直很担心自己也会和妈妈一样被抛弃。

夫妻关系中，大家确实需要学着相互忍让、相互包容，但是这并不是维持夫妻关系的关键。维持夫妻关系的技巧恰恰就是有话就说，两个人把彼此介意的事情说出来，才能一起去面对和解决。

郭冬临小品中有一句经典台词："一句话能成事，一句话能坏事，一句话能成就一个和谐的社会。"夫妻之间的矛盾，往往都是因为一句话产生的。所以，我们要好好说话，不要因为说错话而引起夫妻矛盾。

越亲密越伤人——有话好好说

案例一：

孩子闹着要吃肯德基，妈妈不允许，于是孩子一路哭闹。爸爸很烦躁，车开得很快，拐弯有些猛。

妈妈："你会不会开车啊？你怎么开的！把我和孩子都甩到门上了！多危险啊！"

爸爸："死不了！没事的！"

妈妈："怎么说话呢你？什么叫死不了啊！你看看孩子头都磕着了。"

爸爸和妈妈没完没了地吵了起来，孩子越哭越厉害。

案例二：

周末的早上，爸爸对妈妈说："一起去买菜吧！"

女儿也开心地说："我也去！"

妈妈说："好的。"

爸爸说："把卧室门关上，我换衣服。"

妈妈关门的时候，看见门上那个洞，想起锁坏了好久了，于是说："你能不能给咱们这个屋门装把锁呢？我都跟你说了快半年了，你也不知道给买一把锁装上。"

爸爸有些生气地说："你就不会去买一把装上啊！"

妈妈也生气了："我要是会装，还要你干啥？"

女儿在旁边小声嘟囔："你们还去不去买菜啊？"

案例三：

爸爸下班一进门，看到地上满是玩具，都没处下脚。爸爸一下子就火了，对妈妈说："孩子的玩具怎么到处都是？你整天在家都忙活什么呢？也不管管！"

妈妈也火了："我又洗衣服又做饭，还得陪孩子玩，哪有时间一遍一遍收拾？再说了，孩子又不是我一个人的，你回来了收拾就不行啊？"

爸爸更生气了："我在外面累死累活的，你在家连个孩子都带不好。"

两个人没完没了地吵起来。

夫妻，是比其他任何关系都亲密的关系。可是往往越亲密，越容易受伤。上面三个案例，都是因为在有情绪的时候，没有好好说话，而造成了争吵。

为什么夫妻之间会口不择言呢？因为亲密！既然你是我最亲密的人，你就该懂我，该包容我，该忍受我的脾气。更何况，你是最了解我的人，怎么还惹我生气呢？怎么还不理解我呢？……

夫妻之间太熟悉，熟悉到想吵架随处都可以找到对方的把柄，也总是能戳中彼此的软肋。也正是因为太熟悉了，彼此之间失去了界限，经常口不择言，特别是在有情绪的时候，想说什么就说什么，无所顾忌。夫妻双方彼此认为，因为我们是一家人，即便争吵也会相互原谅，于是就想怎么说就怎么说。

为什么夫妻之间要有话好好说呢？也是因为太亲密！夫妻关系是所有人际关系中最亲密的，也是最值得珍惜的。夫妻关系不仅决定着我们一生的幸福，也决定着孩子能否幸福快乐地成长。所以，对于夫妻关系，需要我们小心地呵护，在谈话的时候，需要有话好好说。

情绪谁都有，而且情绪是完全非理性的东西，人在有情绪的时候说出来的话往往不太好听，因此一句话就可能坏事。一个成熟的、有智慧的人，能够控制自己的情绪，也会在夫妻关系中把握界限，不让自己的"坏脾气""毒舌毒语"刺伤对方。

上面三个案例中，如果能够换一种说话方法，双方就不会争吵了：

案例一中，妈妈可以说："我和孩子撞到门上了，这可吓坏我们了。老公，你开慢一点儿好吗？"

案例二中，妈妈可以说："老公，这个锁坏了好久了，门上有个洞也不好看，今天有空的话，咱们买一把锁装一下吧。这些活儿还是你们男人最擅长，咱们家没有你可真不行。"

案例三中，爸爸可以说："咱们家的玩具这是都出来游行示威了吗？谁能帮忙把它们送回家，爸爸进不去屋啦！"

一句话就能成就一个和谐的家庭。

我要送你个钻戒——有话说出来，别猜

一天，老公心情不错，拉着老婆的手，深情地说："老婆，等你过生日那一天，我要送你个钻戒。"

老婆心花怒放，每天都盼望生日早点儿到来。到了生日那一天的早上，老婆等着老公送自己钻戒，但是老公却没有任何表示。老婆心想：我看看你什么时候给我买。于是便耐心等到中午。中午老公也没有动静。老婆越来越生气，憋了一肚子火，下午一个人出去逛街了。晚上回来之后，看老公还没动静，老婆更生气了，沉着个脸，任凭老公怎么问也不说话。

老公今天的确是忘了老婆的生日。见老婆满脸不高兴的样子，他完全不知道怎么回事，心想：我怎么惹你了，怎么又生气了？女人真是莫名其

妙！算了，不管她了。

于是，俩人一个晚上谁也没搭理谁。

本来妻子满心期待着浪漫的惊喜，却发现丈夫食言了，于是开始生气，不搭理丈夫——很多女人认为送礼物就需要惊喜，说出来就失去意义了，所以就是不肯说出来，故意表现各种生气、不满的样子，让老公去猜。老公如果猜不出来，妻子就会越发钻牛角尖，觉得老公不爱自己，脾气也越发越大。而对老公来说，他也能感受到妻子在生气，但是不知道妻子生气的原因，问也问不出来，猜也猜不出来，于是最后失去了耐心，也开始生气，既不愿意哄妻子，也不愿意猜了。

虽然夫妻之间相处久了，彼此之间很是了解的，然而无论多么亲密的夫妻，毕竟还是两个不同的个体，谁也不可能完全知道对方在想什么。有很多话，你不说出来，对方可能一辈子都猜不到。这个老公不是不想给老婆买钻戒，可能因为工作忙或其他原因忘了那一天是老婆的生日。如果持续冷战的话，隔阂、误会会越来越深。老婆如果能放下身段，正面表达出自己的期待："你今天是不是忘了一件重要的事？我都盼了一天了。"以此来提醒一下老公，或者直接说："你今天准备什么时候送我钻戒呢？"老公便能恍然大悟，开开心心地去买钻戒，一场误会就不会以冷战收场。

晚上不睡，早上不起——关心的话用关心的方式说

早上9点了，老公还没起床，妻子心里很生气。老公经常熬到深夜，早上不爱起床。

妻子："老公，快起来呀！"

老公嗯了一声，眼睛也不睁，身子也不动。

妻子说："你天天晚上不睡，早上不起！孩子都学得跟你一样了！"

老公不情愿地说："马上起。"

妻子说："你看你，天天腰酸背痛，血压高、血脂稠，都跟你熬夜有关系，知道不？让你早点睡，你偏不早点睡，根本不关心自己的健康！你这叫自毁长城，你知道吗？"

老公一把抓过被子蒙住头："刚睡醒就听你唠叨，烦死了！"

妻子气得真想上去把老公的被子掀了！

上面的事例中，其实妻子想要表达的内容是：早睡早起有益健康，晚睡晚起不利于健康，希望丈夫能早睡早起。其实妻子是非常关注丈夫的健康的，但是用的却是批评、指责、唠叨的方式。既然是关心丈夫，就要说一些关心的话，而批评、指责、唠叨根本不会让人感受到关心。在沟通中，对方不愿意接受的，不是我们想要表达的内容，而是我们说话的态度和方式。当对方拒绝我们的态度和方式时，连内容也会一起拒绝。

我们建议这个妻子使用"四连环"的说话模式去和老公沟通，即说事实、谈感受、说需求、请回应。

说事实："老公，你最近经常腰酸背疼，处于亚健康状态，尤其这次体检的时候检查出来血压、血脂都偏高。"

谈感受："看到你这个体检结果，我特别的揪心，特别为你的健康担心。"

说需求："你是咱们家的顶梁柱，我们母子俩可就指望着你呢。"

请回应："老公，以后咱早点睡、早点起，一起去锻炼身体，好吗？"

这种沟通方式即便不能赢得老公积极的响应，也不会让老公产生反感。每个人心里都有一扇向外开的门。外面的人强行往里面推想打开，是打不开的；只有当事人自己愿意打开这扇门，从里向外开启的时候，这扇门才能打开。如果想赢得对方倾听自己的意见，要先打开对方的沟通大门。妻子通过说事实、谈感受，表达出对老公的关心和依恋，触动丈夫打开自己的大门，去倾听并接受妻子的意见。

我们常说"通情达理"，"通情"才能"达理"，情通了，你的理才能说到对方心里去；情不通，则理不能达。

是我考虑不周——别在着急的时候点火

老公是中学教师，寒假没上班，就一直没骑摩托车。第二天要开学了，老公让妻子帮他把摩托车擦干净。妻子忙了一天，到晚上才想起这事来，赶紧把摩托车擦干净了。

第二天一早，老公准备出发的时候发现打不着火，用脚蹬也蹬不着。

老公开始不高兴："你应该早点擦，早点试试，不好使还有时间修。"

妻子说："我光想着擦了，忘了试了。"

老公又抱怨一句："啥事都是憋到跟前儿才知道做。"

妻子咬了下嘴唇，说："你说得对，我应该早点儿试一下，还能有时间去修，是我考虑不周了，要不你今天就不会措手不及了。我给你叫个出租车吧？"

老公生气的脸一下缓和下来，有点儿不好意思地说："不用了，我现在赶紧去赶公交车吧。"匆匆忙忙就走了。

晚上下班，老公笑眯眯进来，忽然拿了一束花给妻子。

妻子说："老夫老妻了，怎么忽然送花给我？"

老公说："老婆，早晨那件事不怪你，我当时着急上班，责备了你，你却没有和我生气，谢谢你。"

妻子说："你当时那样说我，我的确感到心里不太痛快。我当时可以反击你说：'你只是说了让我擦车，也没交代让我试车啊！你不是也没考虑到吗？给你忙前忙后还不落好！'可是这样反击之后，咱俩准会吵起来。今天是你第一天上班，你哪能迟到呢？所以当时你一定特别着急。我理解你，你一定不是成心那样对我的。"

老公感动地说："我老婆真好！"

一个人辛苦了半天，一大早就被无端抱怨指责，似乎注定要吵起来。但是由于妻子的理解和包容，这场战争不仅没有爆发，还让老公更加爱她了，这就是夫妻沟通的大智慧。

接下来我们通过一个小故事，进一步感受一下什么是夫妻沟通的大智慧。

有一户人家，夫妻两个天天争吵，过得很不开心；而邻居夫妻却恩恩爱爱、和和睦睦，于是妻子就去邻居家取经。

妻子问："我家老公自己做得不好，还天天批评我，我俩总吵架。你们家为什么能这么恩爱啊？"

邻居太太说："你们家天天争吵不开心，是因为你们都是好人；而我们家天天开心幸福，是因为我们都是坏人。"

妻子愣住了，惊讶地问："坏人？"

邻居太太接着说："你们都是好人，遇到事情，错都是对方的，互相指责、批评对方。我们家都是坏人，遇到问题都找自己的不好，自己的不对，所以吵不起来。比如，我给我丈夫递水杯，水杯掉到地上摔碎了，我说是我不对，我没等你接稳就松手了；我丈夫会找自己的原因，说这不能怪你，是我没接好。我们俩每个人都认为自己是犯错的坏人，因此很和睦。而你们家呢，你指责他没接好杯子，他指责你没等接好就松手，每个人都认为自己是不犯错的好人，错都在对方身上，当然天天争吵啦。"

妻子恍然大悟。

夫妻之间的争吵，无非都想证明：自己是对的，对方是错的；或者我是好人，你是坏人。结果争赢了理，却输了情，最终连幸福也跟着输掉了。而故事中邻居家夫妻，不找别人的错，只找自己的错，都把对方放在了"好人"的位置，不去计较自己当个"坏人"，结果看似自己输了理，但却赢了情、赢了幸福。

家，是一个多讲情、少讲理的地方，夫妻之间想要获得良好的关系，就要做到不争对错，宁愿做幸福的"坏人"，也不做天天争吵的"好人"！

夫妻关系中的矛盾，看起来都像是夫妻沟通出了问题，那么学会了沟通的技巧和方法，就能够改善夫妻关系吗？答案是：不一定。沟通的技巧和方法只是工具，使用这些工具确实能够起到一定的作用，但是如果内心不够爱或者不会爱对方，这些工具就失去了功效！夫妻关系中最重要的，还是爱！学会爱自己，学会爱伴侣，这才是家庭幸福的真谛。

第三节 幸福家庭的真谛——自爱与真爱

关心比照顾更重要——爱的语言

在外人看来，小张一家，妻子温柔贤惠，丈夫事业有成，孩子乖巧伶俐，生活一定无比幸福。然而遗憾的是，小张夫妇却并不觉得幸福。

这周末，爷爷奶奶接走了孩子，两个人难得单独相处。小张说："老婆，我们一起出去看场电影怎么样？"

妻子不悦地说："客厅的地还没拖，厨房还没收拾，孩子的玩具还要清洗，一堆家务，你就只想着玩，我可没那个闲工夫！"

小张不高兴地说："好好好，你忙你的。"然后就坐到沙发上去看电视了。

晚饭时间快到了，小张又提议："老婆，咱们出去吃顿大餐吧，好久没享受二人世界了。"

妻子说："我已经把菜洗出来了，肉也切好了，如果不做出来，这些东西就都得浪费掉。再说出去吃大餐要花不少钱呢，你真不会过日子！"

小张说："那好吧。"妻子去厨房忙活了。

做好晚饭，小张打开音乐，放上一首悠扬的曲子，还开了一瓶红酒。

小张说："我们边听音乐边吃饭，再来点儿红酒，在家也能浪漫一下，这样才叫享受生活！"

妻子草草吃了几口，就说："我吃完了，你自己吃吧。我手头还有衣服没洗呢，我去洗衣服了。"

小张无奈地叹了一口气，关掉音乐，去书房看书了。

　

美国的盖瑞·查普曼博士在《爱的五种语言》中提到，每个人都有自己的主要"爱语"。很显然，小张的主要"爱语"是"精心的时刻"，他渴望妻子能够抛下生活的琐事，全心全意关注彼此，一起策划一些属于二人世界的活动，共同度过一些特别的时光，有一个心灵与心灵的交流，感受一下相互之间的爱。然而妻子的主要"爱语"却是"服务的行动"，妻子认为我爱这个家，我爱我的家人，就要通过我为家人服务来表达，看电影、吃大餐这些都是闲事，没有拖地、打扫、清洗这些事情重要。于是，妻子全心扑在家庭服务上，对小张的提议毫无兴趣。

小张和妻子都很爱对方，小张希望陪妻子一起去看电影、吃大餐；妻子希望能够把家收拾得干干净净，为小张洗衣做饭。他们都在用自己的方式爱着对方，但是彼此却感受不到来自对方的爱——小张需要的不是生活上的保姆，而是希望能够有一个心灵的伴侣；妻子需要的不只是浪漫，她更在意小张能为家庭付出行动。

如果小张帮助妻子打扫房间，相信妻子会无比开心；如果妻子花时间陪小张喝点儿红酒，聊聊天，小张一定也会感激不尽。夫妻之间要学会用对方舒服的方式去爱对方，说对方喜欢的爱的语言，彼此才能感受到来自对方的爱。我们每个人的主要"爱语"都不同，如果两个人都只说自己的"方言"，虽然很努力地去说，但是彼此却听不懂，感受不到爱。

很多人说，婚姻是爱情的坟墓。最可怕的日子就是越过越平淡，越过越没意思，越过越不想再过下去。好的爱人，应该是心理按摩师，是互相倾听、互相鼓励、互相支持的好友。适度的浪漫和适时的调情都是很有必要的。婚姻不是柴米油盐酱醋茶的简单叠加，婚姻也需要不断进行爱的表达，不断用对方的"爱语"向对方说着"我爱你"，这样，才会让婚姻时刻保鲜。

下面，我们来看一个成功的案例：

小陈夫妻很相爱，但是丈夫抱怨妻子不会做饭，妻子抱怨丈夫不够温柔。他们通过咨询了解到了彼此的"爱语"不同，丈夫的爱语是"服务的行动"，而妻子的爱语是"身体的接触"，于是他们在努力学习对方的语言。

每次做饭时，妻子都会帮忙打下手，全程在厨房陪伴，丈夫看到忙忙碌碌的妻子，就满心欢喜，于是总是会忍不住亲妻子一下。妻子得到了丈夫的关爱，干活的动力更足了。妻子刷碗的时候，丈夫就从后面抱着妻子的腰，说妻子刷碗的时候特别美，妻子就再也不觉得刷碗是件讨厌的事情了。

从此，厨房里总是欢声笑语，两个孩子也特别喜欢跟爸爸妈妈一起待在厨房里，并渐渐都学会了做饭。

用对方的"爱语"向对方说"我爱你"，双方都能够感受到彼此的爱和付出，这是夫妻需要学会的"爱的语言"。

老公想吃鱼——爱的行动

下班前，老婆按照惯例给老公打电话。

老婆问："回家吃饭吗？"

老公说："差不多能回。"

老婆顺口问："想吃什么？"

老公："都行……呃……有鱼吗？"

老婆说："有，在冰箱里冻着呢，化不开。"

老公："哦……那随便吧。"

晚饭时间，老公看到桌上依然是老婆常做的老三样，没说什么，默默地吃起饭来。

很多时候，我们例行公事问对方一句"想吃什么"，其实自己脑子里面已经有答案了；或者在问"想吃什么"的时候，根本没有在意对方的回答，而是在自己的脑子里盘算着要做什么。当对方的回答和自己预设的答案不一致时，一句"化不开"就冷冷拒绝了。这样的做法，看似关心对方，其实背后只不过是一个习惯罢了。

时间长了，对方也就"习惯"了，说"随便、都行"。而当某一次自己没有预设答案，真心想问对方的建议时，对方给出的回答仍会是"随便、都行"，这时候自己会感觉非常气愤，反倒会抱怨对方说："每次问你吃什么你都说随便，什么事都让我操心，你就不能替我分担一些么？我每天都得琢磨做什么饭，你知道有多难么？"

这样的案例，在我们的生活当中比比皆是。问对方想做什么、想去哪儿玩、想买什么、想怎么选择的时候，我们往往都带着以自我为中心的预设，并不是真心为对方考虑，最后一句"化不开"所带来的，是对方"化不开"的心。

爱，不是口头上说说就罢了，爱是需要付出行动的。爱的目的不是得到你想要的，而是为了你所爱之人的幸福，去做些什么，这才是爱。就以上文为例，当老公说"有鱼吗"，即便鱼来不及化开，也可以去超市再买一条。当我们带着爱去买鱼，带着爱去做鱼，不管擅长与否，不管做出来的鱼好不好吃，都会是一条"爱心鱼"，都能让老公感到浓浓的爱意。

不就是瞧不起我吗——自爱

大半夜，老公喝得醉醺醺地回来。这时候，8岁的女儿已经睡了，老婆还没睡。

老婆说："你怎么又回来这么晚？我都等你半天了。"

老公说："陪客户……你自己不睡，等我干吗？"

老婆说："我睡得着吗？你妈今天又横挑鼻子竖挑眼的，找茬跟我吵架。"

老公说："唉……你怎么又惹我妈生气了？"

老婆生气地说："我敢惹你妈生气？我天天讨好还来不及呢！我自己舍不得吃，舍不得穿，今天去给你妈买了件衣服，她可倒好，不喜欢也就算了，还当着孩子面说那件衣服这不好、那不好。她这是什么意思啊？不就是瞧不起我吗！"

老公说："你说你，我妈都那么大岁数了，说你两句你听着不就得了！"

老婆说："听着？我都听了这么多年了，一直以为忍忍就能过去，想着我对她好，她就能慢慢改变，可结果呢？今天她竟然还说什么'当初我就没看上你，要不是我儿子偷了户口本出去跟你结婚，我才不会让你进这个家门！'她嫌我家是农村的，还当着孩子的面数落我！她这么说，会让孩子怎么想？我简直要气死了！你还天天这么晚回来，我这些年受的委屈跟谁说去？你一点儿都不心疼我！"

老公说："……烦死了，整天都是些芝麻绿豆点儿大的事，赶紧睡吧！"

老婆说："你……我想出去上班，不想整天待在家里看你妈脸色。"

老公说："那孩子谁照顾？我妈可看不了孩子，再说，你这么多年没上班，出去会干什么？把家操持好就行了，睡吧！睡吧！"

老婆说："就知道睡，你到底还管不管我的死活？"

两个人都越说越气，没完没了地吵了起来。

人与人在相处时，需要平等和尊重，即便亲密如夫妻关系，也不能为对方付出到失去自我。

案例中的妻子，带着婚前的自卑，在未得到婆婆祝福的情况下，嫁入这个家。她任劳任怨，舍不得吃，舍不得穿，试图通过讨好、隐忍获得幸福。然而当一个人不懂得爱自己、尊重自己的时候，最终也得不到别人的爱和尊重。她一味忍让、一味讨好、一味付出，使得自己内心的情感极度匮乏，当付出和回报失去平衡时，就陷入唠叨、抱怨的循环之中。

每个人心里都有一个"爱的油箱"，夫妻之间相亲相爱，就是在为彼此加油；夫妻之间争吵、摩擦，就会消耗彼此的爱。当一个人内心的爱不足了，就会抱怨——这种抱怨其实是向他人索爱——抱怨其实是一个人"爱的油箱"在报警，需要加油了。"爱的油箱"有一条警戒线，警戒线以上是生活中来自爱人、家人、友人相互赋予的爱；而警戒线以下，是一个人的自爱！自爱确保每个人的"爱的油箱"不空！一个人不够自爱，爱的油箱空了，是没有能力去爱别人的。

夫妻两个人如果都足够成熟，各自懂得自爱，彼此都有能力保持自己的"爱的油箱"不低于警戒线，那么即便一方偶有抱怨，另一方也有能力及时安抚，及时为他加油。这样的婚姻会越来越牢固，越来越幸福。而一旦一方自爱不够，"爱的油箱"始终处于警戒线以下，那么，就会拼命向另一方索取，最后弄得对方很疲惫，无力再去安抚。就像案例中的夫妻俩，老婆自爱不足，常年处于压抑当中，不断向老公索要安抚；而老公越来越烦，越来越麻木，最后不愿意再去安慰妻子，只求息事宁人、相安无事。这夫妻两人无法互相加油，时间一久，两人的爱意终有一天会消耗殆尽。

这样家庭中的孩子，也必然长期处于不和谐的氛围之中。妈妈的委屈，孩子都会看在心里，将来可能会和妈妈一样忍辱负重，隐忍讨好；也可能瞧不起母亲，而力争要成为婚姻中占据主动权的一方。无论哪一种，都会成长为一个不太会爱的人。

家庭给孩子爱，同时教会孩子怎么去爱。父母给孩子的爱以及父母、家人之间的爱，都深深影响着孩子的成长。

还记得之前那个打分吗？如果按照 100 分满分计算，您对孩子的爱、关注、付出能打多少分？对爱人呢？对自己呢？请您记录下来：

我对孩子××分。

我对爱人××分。

我对自己××分。

健康的家庭，要给自己打最高分，把自爱放在第一位，因为只有这样才有能力去爱孩子、爱另一半；其次把爱人放在第二位，因为他将陪伴你一生；而孩子，是一场渐行渐远的陪伴，因此要爱得有节制。

婚前婚后到底什么变了——真爱

小靖生活在单亲家庭，妈妈一个人带着她们姐弟两个，生活一直很拮据。小靖学习、工作都很努力。在一次朋友聚会上，抢着埋单的小峰深深吸引了小靖，小靖觉得小峰大方、豪爽、仗义，非常有魅力。慢慢地，两个人开始约会。每一次约会，小峰都毫不吝啬，凡是小靖喜欢的，小峰都毫不犹豫地买下来。当然，小靖并不是一个过度追求物质生活的女孩子，她非常有分寸，也懂得持家，更善于照顾人。这让小峰非常喜欢，两个人很快就结婚了，还生了一个漂亮的小公主。

可是当了爸爸的小峰，依然热衷朋友聚会，依然抢着埋单，小靖却不高兴了。小靖经常为了这个事情跟小峰吵架："为什么每次都你结账呢？你花钱怎么这么大手大脚呢？你朋友就不能结一次账吗？咱家的钱都是大风刮来的吗？你整天吃吃喝喝就不能干点儿正事吗……"

在咨询夫妻关系时，经常有人这么说："谈恋爱的时候，他对我可好了，可是，现在他变了！特别是有了孩子之后，我们的关系越来越糟糕了。"

上文中的小靖和小峰就出现了这样的情况。在婚前，两个人看到对方的，都是有优点；但是结婚后，却看对方越来越不顺眼——即便是婚前最爱的优点，也在婚后变成了忍无可忍的缺点。其实，两个人谁也没变，都还是婚前的那个人，只是结婚之后，彼此的立场发生了改变。婚前，我们欣赏对方身上与自己不同的地方，站在对方的角度，努力让对方感到快乐、幸福；而结婚后，我们开始站在自己的立场上，要求对方和自己保持高度一致，如果对方不肯"配合"，就责问对方："你怎么能跟我有不一样的想法""你怎么就不能心疼心疼我呢？"正因为这样，夫妻双方经常发生矛盾，并且损害了两个人的感情。

所以，婚姻中我们常常犯这两个错误：第一，忘了尊重彼此的差异，从欣赏变成了挑剔；第二，忘了体谅对方，从以对方为中心变成了以自我为中心。说白了，就是婚后的双方，都越来越自私了，都从付出变成了索取，忘了彼此是为了爱而结合的，忘了爱到底是什么。

小靖和小峰的这种情况，婚姻之中非常常见，难怪有人会说："婚姻是爱情的坟墓。"当然，这种情况并不是我们希望看到的，我们也想做自己婚姻的主人，也想让婚姻长久保鲜。怎么才能做到呢？关键在于夫妻双方是否有自爱的基础，是否懂得沟通的奥秘，是否懂得爱的真谛——什么是真爱。

爱，有三个层面的含义。

首先，爱在生物层面叫作恋爱。恋爱是一种由遗传因子所决定的寻找配偶的本能行为，它是人类对内在性动力和外在性刺激的一种定型的反应，这种反应帮助人类加强了性的配对和联结，从而增进了物种的生存能力。

其次，爱在理智层面叫作选择。爱或者不爱，都是一种选择，没有对错之分，但是爱不是坠入情网，而是理性地选择"爱他"且"被他爱"。我们愿意关心他，愿意照顾他，愿意和他组成家庭，愿意和他过一辈子，这都是理性选择的结果，是"我要爱他"，而不是"我爱他"。

最后，爱需要意志层面的努力。如果因为对方可爱你才爱他，那是谁都会做的事情。如果你真正爱对方，那就要爱他那些不可爱的地方，包容和接纳对方的缺点及短处。我们不要因为"感觉爱"而去爱，而是要为了"选择爱"付出行动。

我们常说：相爱容易，相处难。既然我们理性地选择了一个人，就应该付出意志层面的努力，彼此信任、相互克制、共同坚持，在爱中获得真正的幸福。

希望父母们阅读本书后，能在某一方面得到启发，为自己的家庭幸福以及孩子的健康成长，努力做一些改变，从一位自然型的父母，转变为智慧的家长，从而获得幸福美满的生活。

最后，分享我们一位学员的日记，在她的日记中，有她对爱的理解和感悟。我们可以一起阅读一下。

爱是对人或事物有很深的情感，由此而产生的幸福感！爱是从心里发出来的。爱是一种本能、一种情绪表达、一种关系的链接载体。爱，需要正确表达；爱，需要让对方体会到；爱，要根据每个家人不同的需求去爱他们。

爷爷85岁高龄了，在几个子女家轮流生活。我们没有约定时间，爷爷决定住谁家，决定住多久，完全由他自己选择。这里没有公平，没有吃亏，没有应不应该，只有爱！我们希望可以让爷爷体会到舒服的爱。

婆婆生活很节俭，她喜欢上档次的衣服，每次在街上看到中意的，最终都会因为太贵而舍不得买。我会把那件衣服买下来，然后告诉婆婆，这是从网上买的同款，非常便宜，她会穿得特别欢喜。

公公有个交友圈，我一有时间，就会教他微信里的新功能，还经常给他发红包，他很乐在其中。

我妈只喜欢以前住在农村时那家服装店手工制作的衣服，每到换季时，我就陪她跑几十里地专程去做。

　　我爸内退后，愿意帮助我鼓捣体验馆里的大事、小事，我就总是请他帮忙。我爸乐在其中，而我，心里也感到无限温暖。

　　我对老公的爱，就是给他肯定的语言、给他生活上需要的帮助。当然，爱也是偶尔对他的依恋！当他努力为家庭做了一些事情时，哪怕事情很小，我也会用语言肯定他；当他在事业上做得风生水起时，我会肯定他所付出的辛苦与努力，同时提醒他多抽时间和自己的同学聚聚会，体会一下生意之外朋友的纯粹。

　　我对孩子的爱，则是尊重他们，平等对待他们！女儿和我聊天，已经不仅仅限于交流生活和学校中的事情，她还会指出我什么时候做得不对，举个以前发生过而我没有觉察的例子让我体会。我听着会很感动，并坚定这样的想法：一定要让孩子成为最好的自己！

　　我现在生活得非常幸福，心中充满感激之情。感谢我的父母、我的丈夫、我的孩子，感谢我学习的过程，也感谢我以前犯过的错误，它们让我获得了成长。我也感谢我现在的生活，让我明白爱情与婚姻的真谛！

附 录

信念是最好的家教

　　一个人只有树立了积极进取的信念，才能成为优秀的人才。什么是积极的信念？其实就是一句话——相信自己。如果一个人连自己都不相信，那么他真的不会优秀。一个孩子想拥有积极向上的信念，那么他的家长一定要对他有信心才行！

一个人只有树立了积极进取的信念，才能成为优秀的人才。什么是积极的信念？其实就是一句话——相信自己。如果一个人连自己都不相信，那么他真的不会优秀。一个孩子想拥有积极向上的信念，那么他的家长一定要对他有信心才行！

什么是信念呢？我们从字形上来分析：

信：人言，承诺的力量——相信我们一定行。

念：今心，当下的状态——积极、坚持、念力。

信念——对未来不可知的事情充满信心。没有信念，人们就不会有动力，也就不会为了实现目标而有所行动；有了信念，才会激发人们潜在的精力、体力、智力和其他各种能力，为了实现预期的目标而积极进取。

信念来源于信任。你相信了谁，或者相信了什么，并且相信自己能做好，你才会有所期待，才会有积极的行动，才会有每天坚持下去的动力，心心念念都会为了实现理想或目标而努力。久而久之，这种信任就变成了坚定的信念。有了坚定的信念，就会对人的行为产生一定的影响，人们就会有坚持改变的勇气，而人一旦做出改变，就会有效果，好的效果反过来还会影响信念的牢固程度，也就是更加坚定人的信念。

【想什么有什么——皮格马利翁的期待效应】

皮格马利翁是希腊神话中的塞浦路斯国王，善雕刻。他不喜欢塞浦路斯的凡间女子，决定永不结婚。他用神奇的技艺雕刻了一座美丽的象牙少女像。在夜以继日的工作中，皮格马利翁把全部的精力、全部的热情、全部的爱恋都赋予了这座雕像。他像对待自己的妻子那样抚爱她、装扮她，为她起名加拉泰亚，并向神乞求让她成为自己的妻子。爱神阿芙洛狄忒被他打动，赐予了雕像生命，并让他们结为夫妻。

"皮格马利翁效应"成为一个人只要对艺术对象有着执着的追求精神，便会发生艺术感应的代名词。后来被用在教育心理学上，也称"期待效应"，比喻教师对学生的期待不同，对他们施加的方法不同，学生受到的影响也不一样。

在心理学领域，皮格马利翁效应由美国著名心理学家罗森塔尔和雅各布森提出。他们在原神话的基础上，进行了一项有趣的研究。他们先找到了一个学校，然后从校方手中得到了一份全体学生的名单。在经过抽样后，他们向学校提供了一些学生名单，并告诉校方，他们通过一项测试发现，这些学生有很高的天赋，只不过尚未在学习中表现出来。其实，这是从学生的名单中随意抽取出来的几个人。有趣的是，在学年末的测试中，这些学生的学习成绩的确比其他学生高出很多。

研究者认为，这是由于教师期望的影响。由于教师认为这些学生是天才，因而寄予他们更大的期望，在上课时给予更多的关注，通过各种方式向他们传达"你很优秀"的信息。学生感受到教师的关注，因而产生一种激励作用，学习时加倍努力，因而取得了好成绩。

这种现象说明教师的期待不同，对儿童施加影响的方法也不同，儿童受到的影响也不同。借用希腊神话中出现的主人公的名字，罗森塔尔把它命名为"皮格马利翁效应"，亦称"罗森塔尔效应(Robert Rosenthal Effect)"或"期待效应"。

皮格马利翁效应是说人心中怎么想、怎么相信就会有怎样的成就。你期望什么，你就会得到什么，只要充满自信地期待，只要真的相信事情会顺利进行，事情就一定会顺利进行。与之相反，如果你相信事情不断地受到阻力，这些阻力就会产生。成功的人都会培养出充满自信的态度，相信好的事情一定会发生。这种称为"积极期望"的态度是赢家的态度。假如你对自己有极高且积极的期望，每天早上对自己说："我相信今天一定会有一些很棒的事情发生。"这个练习就会改变你的整个态度，使你在每一天的生活中都充满了自信与期望。

【怕什么来什么——墨菲定律】

墨菲定律是美国的一名工程师爱德华·墨菲做出的著名论断，亦称莫非定律、莫非定理或摩菲定理，是西方世界常用的俚语。墨菲定律主要内容是：事情如果有变坏的可能，不管这种可能性有多小，它总会发生。这就说明了越害怕发生的事情就越会发生的原因。为什么？就因为害怕发生，所以会非常在意，注意力越集中，就越容易犯错误。

墨菲定理并不是一种强调人为错误的概率性定理，而是阐述了一种偶然中的必然性。我们再举个例子：你兜里装着一枚金币，生怕别人知道也生怕丢失，所以你每隔一段时间就会去用手摸兜，去查看金币是不是还在。于是你的规律性动作引起了小偷的注意，最终被小偷偷走了。即便没有被小偷偷走，那个总被你摸来摸去的兜最后终于被磨破了，金币掉了出去，丢失了。

要让信念有正向的力量，人们内心一定要有积极向上的心态。面对生活、面对家庭，我们都会遇到困难，遇到挫折。这时，我们需要给自己一个乐观的态度——遇到问题不焦虑，告诉自己没什么大不了。遇到问题，不怕问题，而是坚信：我会有办法解决的。内心的强大认同，表现在行为上就会积极行动，就会积极地找原因，积极地想办法解决问题，我们就会越来越进步。

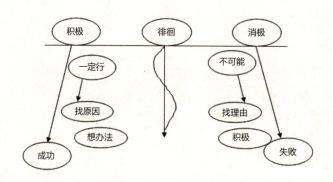

　　理想和信念是人们的精神支柱，是人生路上的一盏明灯，失去了它，生活就失去了意义，人们就会在前进的道路上迷失自己。困难和挫折总会有的，拥有坚定的信念，就会相信自己一定行，并按照自己既定的目标坚持下去，这样才不会在困难面前迷失方向。

　　学得再多，也不如去投入行动，因为只有行动才能带来体验和经验，才能在实践中不断总结经验教训，巩固自己的信念，形成积极的心态。

　　所以，父母们只有坚定了自己的信念，相信自己、相信孩子，才能在学习中不断提高家庭教育的能力，让自己成为"智慧家长"，并且帮助孩子树立积极的理想和信念，使自己和孩子变得越来越好。

致 谢

　　一本书的写作，就像十月怀胎一样，非常不易。这本书能够得以出版，非常感谢修远青简的徐鸿、许红艳、王广英、刘万琴、陈东辉五位领导。正是他们的多次建议，让我有了写作这本书的念头；也正是他们的多次鼓励，让我在繁忙的工作之余，每天坚持伏案写作，最终把这本书呈现给读者。在此，对这五位领导表示真诚的感谢。

　　此外，感谢北京理工大学出版社的各位编辑老师，对于这本书，他们花费了很多的心思，给予了很多中肯的建议，让这本书得以顺利出版。

　　也感谢一直以来都关注我、支持我的家长朋友们，希望这本书能够对您有所帮助。

　　同时，书中不足之处，冀望高明之士不吝指正。谢谢你们。

安淑芳

2016年8月8日

修远教育

修远教育历经十多年发展，目前已经形成一套完整的培训流程以及理论体系。修远教育以普及、预防、测评、讲授、跟踪指导、终身制会员学习六个环节的服务模式，服务了上百个家庭教育指导站，使指导站对家庭教育进行落地服务。

至今，已经进行了四十万份调查问卷，整理了四千六百余份跟踪指导案例，每年举行数百场公益讲座。自2014年修远教育成立第一家工作站，至今已经有100余家加盟指导站。

值《做个好妈妈，是你一生最大的成就》一书出版之际，特别感谢修远教育加盟指导站对本书的大力支持。

名单如下（排名不分先后）：

一、贵州省遵义市家庭教育运营中心（贵州修远海艺教育）

格言：学习改变观念，训练创造智慧！

负责人：黄莉 18185278879

二、贵州省兴义市指导站（智贤教育）

格言：在奉献中创造价值，撒播爱的种子，用智慧幸福全家人。

负责人：胡忠丽 17785096617

三、江苏省淮安市家庭教育指导站（进步教育中心）

格言：携手共进，家校同步。没有最大进步，只有更好自己！

负责人：朱海燕 13915173520

四、山东省淄博市家庭教育指导站（山东新希望文化传媒有限公司）

格言：传扬元亨利贞，播撒真善美圣。

负责人：崔立峰 13792192100

五、真正好家庭幸福教育机构合作示范基地（濮阳市第十中学）

格言：遵循学生生命成长规律，成才先成人，求学先求真。

负责人：王广英 18239330005

六、江苏省南京市家庭教育指导站（南京梦必成职业培训有限公司）

格言：每个家庭都有一个梦想，"梦必成"祝你美梦必成真。

负责人：张旸 17366387196

七、江苏省连云港市家庭教育指导站（连云港一起成长教育科技有限公司）

格言：家长不走弯路，就是给孩子世界上最好的教育。

负责人：季廷波 18651718958

八、陕西省宝鸡市家庭教育指导站（红叶教育）

格言：为孩子的一生奠基，为民族的未来负责！

负责人：刘万琴 13891789099

九、福建省漳州市指导站（宏彦教育）

格言：教育就是陪伴孩子成长、训练孩子思考和分辨能力的过程！

负责人：吴艺真 13850453684

十、河南省郑州市运营中心（郑州修心远正教育信息咨询有限公司）

格言：育儿育己，成就孩子前先成就自己。

负责人：鲁智娟 13783522449

十一、湖南省岳阳市云溪家庭教育指导站（新航标教育培训学校云溪分校）

格言：爱是一切的答案。

负责人：周畅 13707306654

十二、陕西省西安市雁塔区指导站

格言：我坚信教育工作者的职责是打造以爱为底色的教育，尊重教育规律，帮助家长认识到自我成长对孩子教育的意义。

负责人：张军妮 18992870506

十三、福建省莆田市城厢区家庭教育指导站（巨优教育）

格言：学习家庭教育，让家庭更幸福，让孩子做更好的自己。

负责人：黄雁宇 18159056765

十四、福建省莆田市荔城区家庭教育指导站（九华教育）

格言：家校携手，共同进步。

负责人：黄琨 18650289693

十五、福建省莆田市家庭教育指导站（才行天下人才服务）

格言：家庭教育是缓慢的过程，让我们一起尊重孩子的自然成长规律！

负责人：吴梅婷 13959552323

十六、甘肃省兰州市家庭教育指导站（甘肃修远教育）

格言：家庭教育的成功源于家长的不懈努力，我们愿为不懈努力的您照亮前行的道路！

负责人：荆萌 18509485363

十七、湖南省岳阳市家庭教育指导站（易霖文化传播岳阳有限公司）

格言：每个人都是自己未来的创造者！在一起，我们更强！

负责人：田劼 18673081983

十八、浙江省义乌市家庭教育指导站（义乌市学君教育信息咨询有限公司）

格言：学君教育，学为人君。

负责人：宗增荣 13575960009

十九、辽宁省营口市家庭教育指导站（智慧之星家长培训学校）

格言：以"丽"人之心，修智慧之行；集千众之力，传万里之爱。

负责人：潘凤丽 13504170815

二十、辽宁省盘锦市双台子区指导站（阳帆培训学校）

格言：播种赏识收获自信，播种信任收获自立，播种尊重收获自爱，播种激励收获自强。

负责人：张帆 13998754490

二十一、河北省秦皇岛市昌黎家庭教育指导站（丹尼宝贝绘本馆）

格言：一切为了爱和成长！

负责人：韩金花 18630332006

修 远 教 育